大党记忆

文物背后的党史故事

黄黎 著

人民出版社

目　录

CONTENTS

"书生报国无他物，唯有手中笔如刀"

——北大红楼里的《新青年》

辛亥革命失败后，中国的先进分子沉浸在极度的苦闷和彷徨之中。中华民国的成立并没有给人们带来预期的民族独立、民主和社会进步，军阀势力继续利用封建传统思想来禁锢人民的头脑，维护自己的统治。先进分子们在痛苦中沉思：旧的路走不通了，新的路在哪里？这种疑问，推动着中国先进分子继续探索挽救中国危亡的新途径。正如毛泽东指出的："中国人向西方学得很少，但是行不通，理想总是不能实现。多次奋斗，包括辛亥革命那样全国规模的运动，都失败了。国家的情况一天一天坏，环境迫使人们活不下去。怀疑产生了，增长了，发展了。"[①]

以陈独秀为代表的一批先进知识分子从总结辛亥革命经验教训着手，廓清蒙昧、启发理智。1915 年 9 月，陈独秀在上海创办《青年杂志》，后改名《新青年》，新文化运动由此发端，成为引发社会大变动的先导。

就在新文化运动如火如荼进行的同时，1916 年 9 月，时任北京大学校长胡仁源向比利时仪品公司贷款 20 万元，在汉花园（今沙滩）操场兴建四层高，有 300 余间房的宿舍楼。因楼体由

---

① 《毛泽东选集》第四卷，人民出版社 1991 年版，第 1470 页。

红砖砌成，红瓦盖顶，故称"红楼"。

北大红楼坐北朝南，平面呈凹字形，地上四层，半地下一层，东西长110米，中部南北宽14.03米，东西两翼翼长32.2米，每层面积2140平方米，总建筑面积10700平方米，共有263间房屋。该楼落成后，并未用作宿舍楼，而是用作校本部、图书馆和第一院的文科校区。马神庙校舍称第二院，为理科校区。北河沿校舍称第三院，为法科校区。

1916年秋，在北大红楼开工建设的同时，远在法国考察欧洲教育的蔡元培接到了教育总长范源濂请他回国担任北京大学校长的电报。蔡元培后来曾回忆说："友人中劝不必就职的颇多，说北大太腐败，进去了，若不能整顿，反于自己的声名有碍。这当然是出于爱我的意思。但也有少数说，既然知道他腐败，更应进去整顿，就是失败，也算尽了心。这也是爱人以德的说法。我到底服从后说，进北京。"

1917年1月，蔡元培就任北京大学校长。他以"学诣为主"，罗致各类学术人才，搭建了一个自由且自治的平台。他宣称"大

◎　蔡元培和民国时期的北大红楼

学者，研究高深学问者也"，"囊括大典，网罗众家之学府也"，北京大学的办学方针是"循'思想自由'原则，取兼容并包主义"。

为了贯彻"思想自由，兼容并包"的办学方针，蔡元培在北大推行了一系列整顿和改革。这其中尤其值得一提的是蔡元培力排众议，邀请陈独秀到北京大学任教。

陈独秀（1879—1942），安徽怀宁人，字仲甫。青年时代曾两度赴日本留学，加入中国同盟会，从事反清革命活动，1912年任安徽都督府秘书长。"二次革命"失败后，逃亡日本，协助章士钊编撰《甲寅》杂志。1915年6月回到上海，9月创办《青年杂志》（从第二卷起改为《新青年》），新文化运动由此发端。

《青年杂志》发刊初始，《社告》即载明其宗旨，明确将该刊的工作定位在探讨青年修身治国之道，介绍世界形势和学术，激励青年志趣和精神。本着这一办刊宗旨，在《敬告青年》的创刊词里，陈独秀提出中国青年应该"自觉"追求的六大形象特征："（一）自主的而非奴隶的""（二）进步的而非保守的""（三）进取的而非退隐的""（四）世界的而非锁国的""（五）实利的而非

◎ 陈独秀和《青年杂志》创刊号、《新青年》第2卷第1号

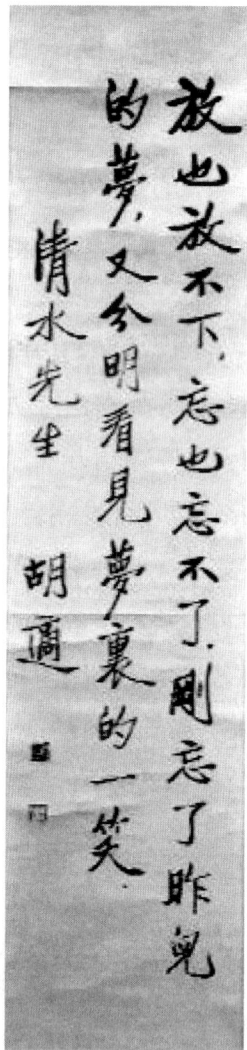

◎ 胡适书赠日本友人清水安三的白话诗

虚实的""（六）科学的而非想象的"。他还指出，青年所应有的"政治的觉悟"和"伦理的觉悟"是明代中叶中西交通以来中国人的"最后之觉悟"。

《新青年》的内容新颖独特，树起民主和科学两面大旗，与青年共同探讨各国学术、思潮，给沉闷的思想教育界吹来一股清风，使人们从封建专制主义造成的盲从和蒙昧中解放出来，被誉为"青年界之金针"和"良师益友"。

1917 年年初，陈独秀正式就任北大文科学长，把《新青年》编辑部从上海迁到北京。《新青年》前三卷为陈独秀主编，从第四卷开始由在北大任教的陈独秀、钱玄同、沈尹默、李大钊、刘复、胡适六人轮流编辑，后又有陶孟和、高一涵加入。这样，就形成了以北京大学和《新青年》一校一刊为核心的格局。北京大学成为新文化运动的中心。

与此同时，陈独秀把主编《新青年》与改革北大结合起来，并帮助蔡元培罗致人才。

当年 8 月，就在陈独秀来北京后的几个月，年仅 26 岁的留美学生胡适也被蔡元培聘请为文科教授。他是陈独秀的安徽同乡，于 1910 年赴美留学。胡适提倡白话文，反对陈腐的文言文。1917 年 1 月，他的《文学改良刍议》发表在《新青年》第 2 卷第5号，在中国知识界产生了很大的影响。除获得陈独秀的坚定支持外，钱玄同、刘半农、傅斯年等人也先后著文，从不同角度阐发自己对"文学革命"的主张。

新文化运动从初起时局限在少数觉悟的知识分子圈子发展到具有相当社会影响的文化运动，很大程度上得力于狂飙突起的"文学革命"，为新文化运动取得重大进展的突破口。张国焘回忆说，"一九一七年春，陈独秀任北大文科学长。他所主编的《新青年》月刊也在我们学校中和书摊上买得到了。这刊物于一九一五年九月十五日创刊。但北大同学知道这刊物的非常少。一九一七年一月，胡适在《新青年》第二卷第五号上发表了一篇《文学改良刍议》，接着陈独秀在次一期上又发表了一篇《文学革命论》，才引起同学们广泛的注意。白话文易于以浅显通用的语句，自由而确切的表达作者所见，又便于多数人阅读，比之文言文的多所拘束，好像是文字上的一次放足运动。当时胡适谓为'活文学出现'，陈独秀更高举文学革命的大旗。这样就展开了新旧文学的大论战。"①

在陈独秀的带领下，以北京大学和《新青年》为中心，形成了一股对青年问题探讨的热潮。李大钊（1889—1927），字守常，河北乐亭人，留学日本，1916年回国，积极参加新文化运动，他在日本期间撰写《青春》一文，发表在《新青年》，呼唤青年发挥青年之自觉，"冲决过去历史之网罗，破坏陈腐学说之囹圄""背黑暗而向光明，为世界进文明，为人类造幸福，以青春之我，创建青春之家庭，青春之国家，青春之民族，青春之人类"②。

---

① 张国焘：《我的回忆》第一册，东方出版社1998年版，第39页。
② 李大钊：《青春》，载《新青年》1916年9月1日2卷5号。

◎ 李大钊担任图书馆主任时的办公室

从某种意义上说，新文化运动的最大成果就是唤醒了一代青年，也造就了一代新青年，使他们成为继之而兴的马克思主义在中国广泛传播的主要骨干力量。1918 年 1 月，李大钊担任北京大学图书馆主任。在他的领导下，图书馆成为北大校内一个研究、传播马克思主义的中心，许多激进的学生经常到图书馆和李大钊讨论各种新的思潮，听他介绍新的思想。

罗家伦回忆说，"有两个地方是我们聚合的场所：一个是汉花园北大一院二层楼上国文教员休息室，如钱玄同等人是时常在这个地方的；另外一个地方是一层楼的图书馆主任室，这是一个另外的聚合场所。在这两个地方，无师生之别，也没有客气及礼节等一套，大家到来大家就辩，大家提出问题来，大家互相问难。大约每天到了下午三时以后，这两个房间人是满的，所以当时大家称二层楼这个房子为群言堂（取'群居终日言不及义'语），而在房子中的多半是南方人；一层楼那座房子，则称为饱无堂（取'饱食终日无所用心'语），而在这个房子中则以北方人为主体（李大钊本是北方人）。这两个房子里面，当时确是充满学术自由的空气，大家都是持一种处士横议的态度，谈天的时候，也没有时间的观念，有时候从饱无堂出来，走到群言堂，或者从群言堂出来，走到饱无堂，总以讨论尽兴为止。饱无堂还有一种好处，因为李大钊是图书馆主任，所以每逢图书馆的新书到时，他们可以首先看到，而这些新书遂成为讨论之资料。"①

在胡适、李大钊进入北大的前后，钱玄同、周作人、刘半农、沈尹默、高一涵、陶孟和、蒋梦麟、傅斯年、罗家伦、段锡朋、辜鸿铭、刘师培、黄侃、顾颉刚、马叙伦、刘文典、梁漱溟等人也相继到来。时为北京大学中文系学生杨振声回忆："像春雷初动一般，《新青年》杂志惊醒了整个时代的青年。他们首先发现了自己是青年，又粗略地认识了自己的时代，再来看旧道德、旧文学，心中就生出了叛逆的种子。一些青年逐渐地以至于

◎ 1920 年 3 月 14 日，李大钊（右一）、胡适（右二）、蔡元培（右三）与蒋梦麟（右四）在北京西山卧佛寺

① 罗家伦口述，马星野笔记：《蔡元培时代的北京大学与五四运动》（1931年 8 月 26 日），罗久芳、罗久蓉编辑校注：《罗家伦先生文存补遗》，台北"中央研究院"近代史研究所 2009 年版，第 56 页。

突然地，打碎了身上的枷锁，歌唱着冲出了封建的堡垒，确实感到自己是那时代的新青年了。"①

《新青年》是个综合性的学术刊物，每号约 100 页，6 号为一卷。从第 1 卷第 1 号(1915 年 9 月 15 日)到第 3 卷第 6 号(1917 年 8 月 1 日)，由陈独秀主撰。从第 4 卷第 1 号(1918 年 1 月 15 日)起，《新青年》由陈独秀个人主编改为同人刊物。第 4 卷第 3 号《新青年》刊登了一则《本志编辑部启事》："本志自第四卷第一号起，投稿章程业已取消，所有撰译，悉由编辑部同人共同担任，不另购稿。"

同人刊物的最大特点是不以盈利为目的，只因志同道合。大家可以各说各话，用开放包容的气度，共同追逐着那若隐若现的未来。编辑同人聚会的地点，常常是在陈独秀的寓所。无形中，北京东城箭杆胡同 9 号也就成了新文化运动的指挥部。

随着对文学语言认识的新的突破，文学观念的转变迅即在文坛创作中得到实践和体现，新文学运动在创作上最先获得成功的是诗歌和小说。1918 年 5 月《新青年》第 4 卷第 5 号发表鲁迅的《狂人日记》，是第一篇用现代文体创作的白话短篇小说，它以其内容和形式的完美结合，成为中国现代小说的伟大开端。它们以独特的题材和叙事模式，新颖、别致的文学形式和对国民性的深刻解剖，成为中国现代文学中的经典作品。

五四运动以后，宣传马克思主义逐渐蔚然成风。1919 年 12 月，从《新青年》第 7 卷开始，该刊发展成为宣传社会主义的主要阵地。1920 年 2 月，陈独秀在李大钊掩护下秘密离京，经天

---

① 杨振声：《回忆五四》，《五四运动回忆录》(上)，中国社会科学出版社 1979 年版，第 260 页。

津抵达上海。在老渔阳里 2 号的《新青年》编辑部，他先后吸收具有初步共产主义觉悟的知识分子李汉俊、李达、陈望道、袁振英、沈雁冰等参加《新青年》编辑工作。5 月出版《新青年》第 7 卷第 6 号"劳动节纪念专号"。与此同时，北大师生创办的《每周评论》《国民》《新潮》，国民党系统的《民国日报》"觉悟"副刊、《建设》，研究系主办的《时事新报》"学灯"、《晨报副刊》等刊也大力宣传社会主义新思潮。在宣传马克思主义、反对封建伦理道德、呼唤人性的觉醒等方面发挥了积极的作用。

当时的湖南省立第一师范学生毛泽东回忆说，"《新青年》是有名的新文化运动的杂志，由陈独秀主编。当我在师范学校做学生的时候，我就开始读这一本杂志。我特别爱好胡适、陈独秀的文章。他们代替了梁启超和康有为，一时成了我的模范"，"有很长一段时间，每天除上课、阅报以外，看书，看《新青年》；谈话，谈《新青年》；思考，也思考《新青年》上所提出的问题。"①

如果说 1915 年 9 月创刊至五四运动前后，《新青年》的主要工作是批判传统伦理道德的思想启蒙阶段，那么 1920 年 8 月以后则是《新青年》开始进行政治革命的新阶段。

经过酝酿和准备，在陈独秀主持下，上海的共产党早期组织于 1920 年 8 月在上海法租界老渔阳里 2 号《新青年》

◎ 第 8 卷第 1 号的《新青年》和陈独秀的《谈政治》

---

① 杨振声：《回忆五四》，《五四运动回忆录》（上），中国社会科学出版社 1979 年版，第 418 页。

编辑部正式成立。当时取名为"中国共产党"，这是中国的第一个共产党组织。

当年9月出版的《新青年》第8卷第1号，明显加大宣传马克思主义的份量，尤其是在《谈政治》一文中，陈独秀明确表示要抛弃先前崇仰的西方资产阶级的民主共和政治。第8卷第1号的封面中部有一个地球图案，有两只从东西半球伸出紧紧相握、强劲而有力的手。据茅盾回忆，这一图案"暗示中国人民与十月革命后的苏维埃俄罗斯必须紧紧团结，也暗示全世界无产阶级团结起来的意思"。

《新青年》杂志愈加鲜明的社会主义倾向，加速了以北京大学文科教授为主体的《新青年》编辑团队在政治上的分裂。胡适后来回忆说："时日推移，陈独秀和我们北大里的老伙伴，愈离愈远。我们也就逐渐地失去我们的学报。因为《新青年》杂志，这个（传播）'中国文艺复兴'的期刊，（在陈氏一人主编之下）在上海也就逐渐变成一个（鼓吹）工人运动的刊物，后来就专门变成宣传共产主义的杂志了。"

"书生报国无他物，唯有手中笔如刀"。在那个风雨飘摇、内忧外患的时代，《新青年》杂志在传播马克思主义的思潮中光荣绽放，经历了从自由知识分子个人刊物向同人刊物、宣传社会主义学说刊物和中共中央机关刊物的几次转变。

以北大红楼为中心，越来越多中国先进分子集合在马克思主义的旗帜之下，使进一步成立革命组织成为可能。李大钊在送别来华帮助建党的维经斯基时说，"我们这些人只是几颗革命的种子，以后要好好工作，把种子栽培起来，将来是一定会有收获的"。

正是在《新青年》的影响下，北大红楼里，有先进青年救民于水火的家国情怀，有追求理想的坚定信念，有早期共产党人虽千万人吾往矣的民族血性，更有那百折不挠闻过则喜的博大胸襟。而一批具有初步共产主义觉悟的知识分子，不断砥砺和丰富自己。他们抛弃资本主义的建国方案，开始走马克思主义指引的道路，这也成为相当多的先进知识分子共同作出的历史性选择。

"到底是谁的胜利？"

——来今雨轩与《庶民的胜利》

从北京中山公园正门进入，沿东侧长廊曲折北行，在古柏群旁，有一古朴典雅的四梁八柱式传统建筑，就是始建于 1915 年的"来今雨轩"茶社。

中山公园的前身是明清两代皇帝举行祭祀活动的社稷坛。1914 年 10 月，在时任内务总长朱启钤的推动下，社稷坛对公众开放，成为北京城的第一座公园——中央公园。1915 年，中央

◎　民国时期的来今雨轩外景

公园委员会筹建"来今雨轩"，本拟做俱乐部，后改为餐馆。轩名是朱启钤取的，来自杜甫《秋述》小序，截取"旧雨来今雨不来"中间三字，用以感慨世间人情冷暖。最初的匾额为徐世昌所题，现在的匾额是赵朴初1985年题写。两边的抱柱上，有清人书写的楹联："莫放春秋佳日过，最难风雨故人来"。楹联虽是古人诗句，其意境却十分贴切，一大批进步青年正是在这里不断求索，与志同道合的新朋旧友一道，向着光明勇敢迈进。

来今雨轩是典型的民国建筑，红砖房、歇山瓦顶、有廊柱。当初在建筑外又搭了七间铁棚，棚下面摆放几十张茶座。虽然这里的价格稍高，但因环境清静幽雅，吸引了不少文人学士、社会名流，其中还包括以李大钊、邓中夏为代表的一大批先进知识分子，他们当时常聚在茶社，探讨传播马克思主义，渴望表达自己的政治和人生理想。

百年前的来今雨轩茶社，承载了中国进步青年的光荣与梦想，他们曾在这里为宣传马克思主义思想而探索，为传播革命文艺思想而呐喊。1919年7月1日，由李大钊、王光祈等发起的"少年中国学会"在这里正式成立，并同步出版《少年中国》月刊。次年8月19日，李大钊在这里出席了学会召开的北京会员茶话会，还发表演讲。此后，他又多次在来今雨轩参加各种茶话会、座谈会，为学会的发展出谋划策。邓中夏、恽代英、高君宇、毛泽东、张闻天、赵世炎等中国共产党早期领导人都是这个社团的成员。

来今雨轩还是京城文化圈举办重大或重要活动的首选场所和最佳聚集地。1919年6月30日中午，北京大学等五家团体在来今雨轩为美国实验主义哲学家杜威离华举办送别宴会。胡适在当天的日记中写道："当年似此国际文化盛会，在此不知举行过多

◎ 1918 年 11 月 28 日，在故宫举行的阅兵仪式现场（摄影 甘博）

少次，如果仔细收集，足可编一本很厚的书，足见一个时代的文化气氛。"

近代中国的社会风云激荡，许多革命志士和先进青年在不是戏剧舞台的来今雨轩，谱写了一幕幕生动而精彩的历史传奇。特别要指出的是，1918 年 11 月底，李大钊就是在这里发表了著名的演说《庶民的胜利》，点燃了革命志士心中救国图存的火种。

1918 年 11 月 11 日，德国战败投降，第一次世界大战以协约国的胜利宣告结束。作为战胜国一方，中国人欢喜若狂。11 月 14 日至 16 日，北京全市学校放假三天。

11 月底，北京庆祝一战胜利的活动达到高潮。28 日，北洋政府特开大会庆祝战胜，在故宫举行中外军队阅兵式，并鸣礼炮 108 响。29 日，总统在居仁堂邀请协约国外交使团、各国公使。30 日，又举行提灯会，北京东西城各校学生参加游行。张国焘回忆说，"一九一八年十一月十一日欧战结束，中国似乎也是一个对德宣战的战胜国。当时各战胜国大肆宣传说这是公理战胜强权。北京也在庆祝战争胜利，并将克林德碑拆毁，移置中央公园，改为'公理战胜碑'。我们曾参加这一庆祝大会和奠基典礼，也曾为之兴奋。'强权即公理'的现实，似乎开始有了些修正，中国将因此有转弱为强的机会。"①

当时的国人普遍幻想一个公正和平的时代即将来临，认为第一次世界大战是"公理战胜强权"。陈独秀的看法很有代表性，"什么是强权呢？简单说起来，凡合乎平等自由的，就是公理；倚仗自家强力，侵害他人平等自由的，就是强权""美国大总统威尔逊屡次的演说，都是光明正大，可算得现在世界上第一个好人"②。胡适在演说中指出，"这一次协约国所以能大胜，全靠美国的帮助。美国所以加入战国，全是因为要寻一个'解决武力'的办法。"③

陈独秀、胡适等人的言论影响了很多的青年学生和民众。

第一次世界大战的胜利，到底是谁的胜利？真的是"公理战胜强权"么？在这热闹的氛围中，有一个人进行了与众不同的思考，他就是时任北京大学图书馆主任的李大钊。

李大钊独具只眼，在来今雨轩举行的题为《庶民的胜利》的演讲中，他尖锐地指出，如果连是谁的胜利和为谁庆祝的问题都没有搞清楚，就忙着去祝贺，是没有意义的。

他首先向听众提问："我们究竟是为那个庆祝？"在台下一片寂静中，他斩钉截铁地说："这回战胜的，不是联合国的武力，

---

① 张国焘：《我的回忆》第一册，东方出版社 1998 年版，第 47 页。
② 陈独秀：《发刊词》，《每周评论》第 1 号，1918 年 12 月 22 日。
③ 《北京大学日刊》1918 年 12 月 27 日。

是世界人类的新精神。不是那一国的军阀或资本家的政府，是全世界的庶民。我们庆祝，不是为那一国或那一国的一部分人庆祝，是为全世界的庶民庆祝。不是为打败德国人庆祝，是为打败世界的军国主义庆祝。"

李大钊继续说道，"这回大战，有两个结果：一个是政治的，一个是社会的"。政治的结果是民主主义战胜，社会的结果是劳工主义战胜。"这劳工的能力，是人人都有的，劳工的事情，是人人都可以作的，所以劳工主义的战胜，也是庶民的胜利。""须知今后的世界，变成劳工的世界。""一九一七年的俄国革命，是二十世纪中世界革命的先声。"

演说完毕，台下瞬间喧腾起来。

俄国十月革命以后，李大钊形成了社会主义民主观，他认为庶民必然战胜资产阶级取得最终的胜利，庶民的胜利也就是劳工阶级的胜利。因此在政治上，他主张平等选举，废除私有制，教育机会均等，对农民进行民主启蒙。《庶民的胜利》这篇演讲正是他政治思想的体现，在当时具有很大的理论意义。

《庶民的胜利》这篇著名演说，人们第一次看到的时候是在

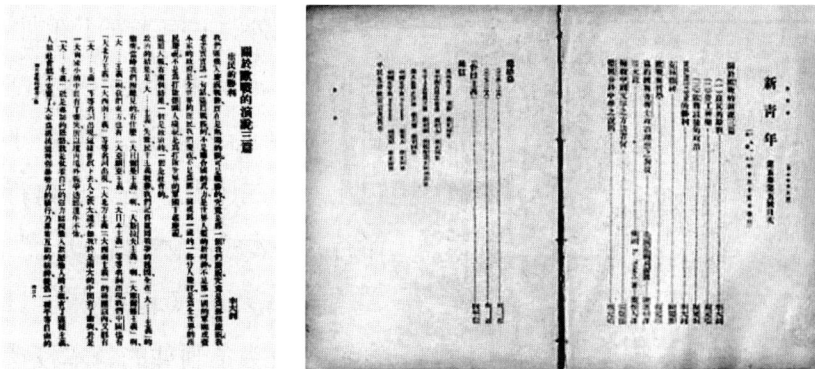

◎ 发表在《新青年》第5卷第5号上的《庶民的胜利》

《新青年》第5卷第5号。该期《新青年》发表了"关于欧战的演说三篇"。第一篇是蔡元培的《劳工神圣》，第二篇是陶孟和的《欧战以后的政治》，第三篇即是李大钊的《庶民的胜利》。这期《新青年》并未标明三篇演说发表的时间和地点。因为蔡元培的《劳工神圣》是1918年11月16日在天安门讲的，便以为《庶民的胜利》也是同一天在天安门发表的演说。

《新青年》第5卷第5号这期杂志目录上写的是"民国七年（一九一八年）十月十五日发行"，而第一次世界大战的结束日为1918年11月11日，胜利演讲的稿子怎会发行于战胜之前呢？经考证，该期《新青年》实际的出版时间是1919年1月。从这期《新青年》刊登的"《每周评论》出版广告"中，有《每周评论》"第一次已于十二月廿二日出版"一语，可见它的出版当在12月22日以后。而上海《时报》在1919年1月18日至27日每隔三天刊登一次《新青年》第5卷第5号的出版广告。据此判断，这期《新青年》的实际出版时间，不会早于1919年1月。

据《北京大学日刊》记载："本月十五十六两日本校曾在天安门外举行演讲大会。除本校校长、陈学长、王学长及胡适之、陶孟和、马寅初、陈惶农、李石曾诸教员外，并有来宾丁在君、卢世功、冯执中诸先生到会演讲。大受听者欢迎。今定于二十八、二十九、三十日再行举行并请本校高材生加入云。"

同一天的《北京大学日刊》头版头条刊载的《本校特别启事》指出，"本月二十八

◎《北京大学日刊》1918年11月27日第一版

日至三十日为庆祝协约国战胜日期，本校拟于每日下午开演说大会（地点在中央公园内外，俟择定后再行通告），各科教职员及学生有愿出席演说者，望即选定演题，通知文牍处，以便先行刊印，散布听众。"①

显然，11月15、16日，李大钊并不在天安门发表讲演的十一人名单之中。他发表《庶民的胜利》演说的时间应该在"本月二十八日至三十日"的下午。因此，在时间表述上，应以11月底为宜，地点不是在天安门，而是中山公园的"来今雨轩"。

《庶民的胜利》这篇演讲，展现出来的除了振奋激昂的文字，还有从心底自然萌发出来的澎湃而决绝的斗志，以及充满了对新中国未来发展的美好憧憬。李大钊的演讲和文章不仅立意高远，以理服人，而且能够以情动人，无论是对黑暗现实的痛恨之情、对光明未来的憧憬之情、对进步力量的热爱之情，莫不发自内心，感人至深。

---

① 《北京大学日刊》1918年11月27日。

"外争主权、内除国贼"

——五四时期北大学生街头讲演用的布旗

巴黎和会实际上是一战结束后，帝国主义国家的一次分赃会议，其目的是为了重新分配殖民地和划分势力范围。中国曾对德宣战，故列为战胜国之一，中国代表在会上提出废除外国在中国的势力范围、撤退外国在中国的军队等七项希望和取消"二十一条"及换文的陈述书。但是，会议拒绝了中国的合理要求，把德国在山东的特权全部转交给日本，中国在巴黎和会上最终一无所获。和谈代表顾维钧回忆说："以前我们也曾想过最终方案可能不会太好，但却不曾料到结果竟是如此之惨。至于日本，则是如愿以偿。"①

会前，中国政府和各界人士对这次会议却抱有不切实际的幻想，对处理善后的巴黎和会，对美国总统威尔逊抱有极大的企盼，当外交失败的消息传至北京，人们所抱的希望化成了泡影，因挫败所产生的不满情绪和激发的爱国热情迅速像火山一般爆发出来。

5月1日，上海《大陆报》之北京通讯首先披露中国外交失败的消息。5月2日，身为徐世昌大总统顾问和总统府外交委员

---

① 《顾维钧回忆录》第 1 册，中华书局 1983 年版，第 169 页。

会委员兼事务长的林长民在《晨报》发表《外交警报敬告国民》一文，证实这一噩耗。同一天，蔡元培召集北大学生一百余人开会，沉痛地报告中国在巴黎和会上外交失败的消息，号召同学们奋起救国。

许德珩回忆说："5月2日，我从蔡校长那里听到了这个晴天霹雳的消息，便约集参加在《国民杂志》社的各校学生代表，当天下午在北大西斋饭厅召开了一个紧急会议，讨论办法。高工的一位学生代表夏秀峰当场咬破手指，写血书，大家激动得眼里要冒出火来。于是发出通知，决定5月3日（星期六）晚七时在北河沿北大法科（北大三院）大礼堂召开全体学生大会，并约北京十三个中等以上学校的代表参加。"①

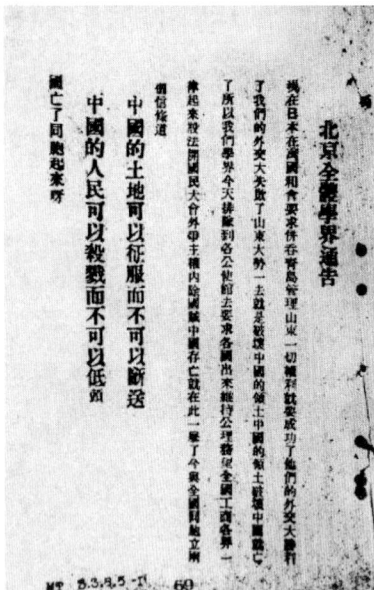

◎《北京全体学界通告》

5月3日夜晚，北大一千多学生挤满了法科礼堂，北京高师、法政专门、高等工业等十几所学校也派代表来参加。学生代表一个接一个发言，情绪激昂，悲愤填膺，法科学生谢绍敏"当场将中指啮破，裂断衣襟，血书'还我青岛'四字，这就更激发全体学生的情绪"。经大家集体商议，一致作出四项决定：（一）联合各界一致力争；（二）通电巴黎专使，坚持和约上不签字；（三）通电全国各省市于5月7日国耻纪念日举行群众游行示威运动；（四）定于5月4日（星期日）

---

① 许德珩：《五四运动六十周年》，《五四运动回忆录》（续），中国社会科学出版社1979年版，第111页。

齐集天安门举行学界大示威。[1]

国难当前，大家纷纷将银圆、钞票、手表、戒指掷到台上，用以筹备第二天运动的物资。砍下竹竿当旗杆，裁开竹布做旗帜，甚至撕下床单来做横幅，学生们一边磨墨一边写标语，在《新潮》杂志社的编辑室里忙了一宿。罗家伦起草的《北京全体学界通告》成为运动当天唯一的宣传印刷品。"外争国权，内惩国贼"八个字，成为五四运动中最响亮的口号之一。在起草的通告中，他还这样写道："中国的土地可以征服而不可以断送！中国的人民可以杀戮而不可以低头！国亡了，同胞们起来呀！"

5月4日，北京学生3000余人齐集天安门前举行示威，北大

◎ 五四运动中，北京示威游行的学生队伍向天安门进发

① 许德珩:《五四运动六十周年》,《五四运动回忆录》(续),中国社会科学出版社1979年版,第51页。

学生傅斯年担任总指挥。他们提出"外争主权、内除国贼""取消二十一条""还我青岛"等口号，冲破反动军警的阻挠，从四面八方汇聚到天安门前，举行抗议集会，震惊中外的五四运动爆发。

学生们集合天安门的目的主要是游行示威，向大总统府及英、美等帝国主义使馆抗议。当时汇集天安门前的，除各校学生外，还有陆续而来的旁观者。他们多是前门外和东西长安街一带闻讯而来的市民，当听到学生们的讲演和看到当场散发的传单（宣言）后，他们均对学生表示同情。

何长工回忆说，"五月四日，北京学生游行示威。我们怕乘火车不能如期赶到，那时自行车是有钱人骑的，我们谁也买不起，便都骑着毛驴赶赴北京城。到了天安门见那里已是人山人海。开完大会，游行队伍一起前往新华门向北洋军阀政府请愿，不料遭到大批反动军警的镇压，许多学生被刺伤、打伤，被逮捕。"①

◎　清华学生在大操场上焚烧日货

①　《何长工回忆录》，解放军出版社 1987 年版，第 18 页。

由于"僻处西郊，未及进城"，5月5日晚，清华首次召开全体学生大会，决定从5月6日起全校罢课。清华学生还将清华售品所和同学所购之日货在体育馆前大操场焚烧，观者皆欢呼。

五四时期，除了游行示威、抵制日货、文艺演出等活动之外，讲演也是一种很重要的方式，以激发群众的爱国热情，揭露帝国主义的侵略和北洋政府的卖国行为。早在1919年3月23日，北京大学平民教育讲演团就在马神庙理科校长室成立，其宗旨是："增进平民智识、唤起平民之自觉心"①。除了北京大学之外，也有许多其他学校的学生加入。他们经常在街头以三到五个人为一组，事先拟好题目、选定地点，打着讲演团的宣传旗号，携带铜锣或者鼓号。后来又进一步宣传"争取民族独立、自由""保卫国家领土主权""要求妇女解放""争取妇女自由平等权利""反对包办婚姻""男女社交公开""婚姻自由"等，使反帝反封建的内容更充实，更加鲜明。

五四运动爆发时，讲演团的成员们积极参与运动，有的甚至作为骨干在其中发挥重要作用。例如，邓中夏、廖书仓、许德珩、罗家伦等人成为学生运动主要领导者。

当时北京很多学校的学生都参与了讲演活动，在街头巷尾向群众进行宣传。他们组成几个人一组的小型宣传队，在北京城内街道、火车站、人烟稠密的商业区、游览区和庙会等地进行露天讲演。每当学生开始讲演，各界市民都纷纷簇拥过来。学生们讲到痛彻心扉处，爱国热情，溢于言表，"许多人民看见掉泪，许多西洋人看见脱帽喝彩，又有好些巡警也掉泪"②。

---

① 《北京大学平民教育讲演团简章》，《北京大学日刊》1919年3月7日。
② 《山东问题》，《每周评论》第21号，1919年5月11日。

◎　6月3日，北京街头的北大学生讲演团成员（摄影者　甘博）

　　在北京学生的爱国行为影响和带动下，全国各地的学生迅速行动起来，爱国热潮席卷全国，北京军阀政府对学生的镇压措施也不断升级。6月3日，北京数以千计的学生涌向街道，开展大规模的宣传活动，被军警逮捕170多人。学校附近布满了大批军警，戒备森严。次日，又逮捕学生700余人，从而引发了新一轮的更大规模的全国性的抗议活动。

　　当时的《每周评论》记载："记者从前门经过，看见三个学生，站在路旁演讲，来了几个警察，身长面黑，犹如城隍庙里的阎王一般，把三个学生一人捉一个，那三个学生两手虽被他们捉住，嘴里还说个不止，听的有不知多少人都流下泪来。"①

————————

①　中国社会科学院近代史研究所近代史资料编辑组编：《五四爱国运动》（上），中国社会科学出版社1979年版，第511页。

爱国学生们不顾个人安危，不断组织更多的人投入到街头演讲中。这件破旧的白色布旗，就是 6 月 3 日后北京大学讲演队使用过的。布旗纵 45.5 厘米，横 64.3 厘米，上面用毛笔分三行书写了"北大讲演队第九组"。这是学生们撕开自己的床单制作成的，旗面右侧还用白色的棉线，歪歪扭扭地缝出一道 3 厘米左右的旗杆套。

当时北大学生主要负责东城区，集中在王府井大街、东安市场到前门一带的繁华区域，他们怀揣着布旗，三五人互相掩护，一旦融入人群，就

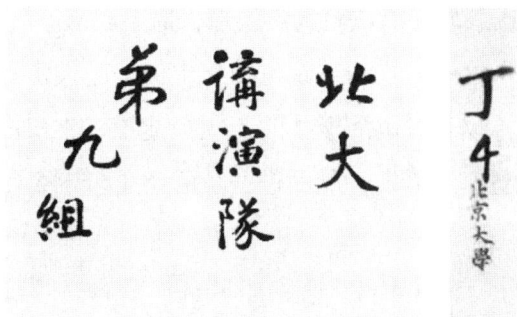

◎ 北京大学学生在街头讲演时用的布旗和胸前佩戴的标记

◎ 6 月 4 日，被捕的北大学生讲演团成员（摄影者 甘博）

抽出怀中的布旗，开始大声疾呼："中国的土地可以征服而不可以断送！中国的人民可以杀戮而不可以低头！国亡了！同胞们起来吧！"据资料记载，6月4日当天，"街心的警察比平常增加好几倍，又有穿灰衣的马队，背着枪，骑着马，四处乱跑。遇到有人讲演，不问他人多人少，放马过去左冲右突也不知道踏伤了几多人。把听的人冲散之后，便让游缉队、保安队把演说的学生两人夹一人，送到北河沿法科大学里边去监禁起来"①。

讲演队的布旗也随学生们一起被带到警察局里封存起来。北洋政府对讲演学生的大规模逮捕，不仅没有把北京学生的爱国运动镇压下去，反而进一步激怒了全国各阶层人士，掀起了更大的革命风暴。

6月4日，上海学联通电全国，呼吁各界"主持公理，速起救援"。6月5日，上海工人自动举行罢工，支援北京学生。在工人阶级的带动下，上海实现了学生罢课、工人罢工、商人罢市的斗争局面。从此，运动的主力由学生转向工人，运动的中心从北京移到了上海。

以6月5日上海举行的"罢课、罢市、罢工"的"三罢"运动为起点，反帝爱国运动扩展到20多个省市、100多个城市，革命烈火燃遍全国，中国工人阶级第一次以独立的姿态登上历史舞台。

迫于人民群众的压力，北洋政府不得不于6月10日释放所有被捕学生，并宣布罢免亲日派官僚曹汝霖、章宗祥、陆宗舆的职务，6月28日下午，中国代表没有出席巴黎和约的签字仪式，

---

① 中国社会科学院近代史研究所近代史资料编辑组编：《五四爱国运动》（上），中国社会科学出版社1979年版，第511页。

五四运动"外争国权，内惩国贼"的直接斗争目标实现了。

五四运动是近代中国革命史上具有划时代意义的事件，标志着新民主主义革命的伟大开端。五四运动以彻底反帝反封建的革命性、追求救国强国真理的进步性、各族各界群众积极参与的广泛性，推动了中国社会进步，促进了马克思主义在中国的广泛传播，促进了马克思主义同中国工人运动的结合，为中国共产党成立做了思想上干部上的准备。五四运动孕育了以爱国、进步、民主、科学为主要内容的伟大五四精神，其核心是爱国主义精神，在近代以来中华民族追求民族独立和发展进步的历史进程中具有里程碑意义。

◎ 五四时期的纪念章

"思想是颤动于狱中"

——1920 年周恩来在天津被捕的日子

轰轰烈烈的五四运动爆发后，天津学生、工人和爱国商人等各界人士积极响应。刚从日本回到祖国的周恩来投身于运动当中，逐步成为天津学生运动的领导骨干。

1919 年 7 月 21 日，由周恩来主编的《天津学生联合会报》创刊。初为对开大张日报，后改为三日刊，有时还发行号外。在创刊号上，周恩来发表《革新，革心》的社论，提出改造社会和自觉改造思想的主张。"女学生！男学生！我们现在不是憩着的时候，我们应当每天实行警醒社会的事业。"——这是周恩来以"飞飞"为笔名在 1919 年 8 月 9 日出版的《天津学生联合会报》上向青年学生发出的号召。

《天津学生联合会报》创刊后不久，周恩来、马骏、郭隆真、刘清扬、邓颖超等 20 人，于 9 月 16 日在东南角草厂庵召开觉悟社成立大会，确定该社的宗旨、任务、入社条件和组织形式等。9 月 21 日，李大钊应邀来到觉悟社，对同学们的做法给予充分肯定，称之为"中国历史上的一个创举"。

1920 年 1 月 20 日，由周恩来主编的觉悟社社刊《觉悟》第一期正式出版。正当天津学生运动顺利开展之际，周恩来等学生代表被捕入狱，《觉悟》杂志也被迫停刊。

◎ 1920年，部分觉悟社成员合影

这究竟是怎么回事呢？

1920年1月23日，天津学生联合会调查委员会发现有奸商私囤日货，勾结日本浪人，肆意殴打倡导抵制日货的学生，引起公愤。学生前往直隶公署请愿，而当局非但不惩办奸商和日本浪人，反而殴打学生，并查封天津各界救国联合会和天津学生联合会。

天津20多所学校的数千名学生推举周恩来、郭隆真、于兰渚（即于方舟）、张若茗四人为代表，于1月29日前往直隶公署请愿，提出"驳回日本通牒、催办福州惨案交涉、恢复天津学联原状"等正义要求。谁知，周恩来等人一走进公署大门，就立即被逮捕。同时，武装军警在公署外面冲击、殴打正在等待的学生，以致重伤50余人，酿成"廿九"惨案。

从1920年1月29日被捕，到7月17日出狱，周恩来在狱中度过了半年时光，可以粗略地分为警察厅和检察厅两个阶段。

第一阶段是从开始被捕到4月7日。这期间，周恩来等四人与其他同时被捕的二十多名各界代表，被关押在警察厅的营务处，彼此不能见面，无法交谈，一直拖了两个多月。4月2日，周恩来和难友们经过秘密联络，团结起来，反对无理拘留的行径，进行了绝食斗争。斗争的结果，使他们获得了在拘留所中可以读书、看报、有相互见面的机会。7 日，警察厅被迫将被捕代表移送地方检察厅，拘留条件才稍有改善。

于是，周恩来投入大量时间和精力，将自己的日记和难友们的回忆整理、记录，到 6 月初编写完成，共分为"魁发成事件""警厅花园内学生被殴""各团体代表被捕""被捕后的安置""学生陆续的被捕"等 18 个部分，3 万多字。记述的就是各位代表被关押在警察厅 75 天的详情，以及各界爱国人士对学生爱国运动的声援等。当年 12 月，《警厅拘留记》在天津《新民意报》连载，后由该报社辑印成册发行。书卷首有马千里所作的序言，书前有天津各界被拘代表出狱时的合影。

这是周恩来《警厅拘留记》的手稿，扉页上题有"警厅拘留记 一九二〇、一、二三——一九二〇、四、七 飞飞 二〇、六、十五"。飞飞，是周恩来的笔名，青少年时代写文章常用。此手稿为王冶秋于 1951 年在琉璃厂访得，经周恩来本人鉴定后于 1976 年捐赠给中国革命博物馆。

第二阶段是从 4 月 7 日至 7 月 17 日，周恩来等被捕学生代

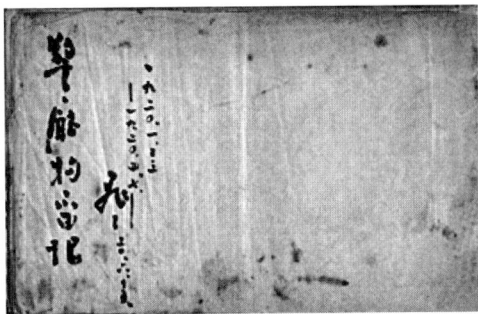

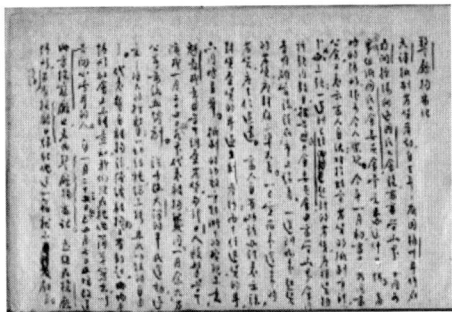

◎ 周恩来《警厅拘留记》手稿

◎ 周恩来编写的《检厅日录》

表被转移到天津地方检察厅。在这里，他们的拘留条件有所改善，可以自由往来、聚会联欢并阅读书报。他们共同议定，推举周恩来、马千里、于方舟三人主办读书团，带领大家研究社会问题。周恩来多次介绍马克思学说，所讲内容包括历史上经济组织的变迁、马克思传记、经济论中的余工余值说等。

《检厅日录》就是周恩来根据被捕代表的活动日志与日记编辑而成的。根据他在该书"例言"中的记载，这部书起初并未写完，书内的公审问答辩护详情以及稿件上的修正，由马千里完成。最终成稿于1920年11月24日周恩来赴欧留学的途中，1921年春交付《新民意报》社印刊。由于该报停刊，又因经济压迫，搁置两年之后，在1926年夏，署名"周飞飞"经又新印字馆刊印。

在周恩来等学生代表被关押期间，刘清扬、邓颖超等人与天津学联发动社会各界展开了广泛的救援活动。他们除了以天津学联的名义聘请两位本地律师钱俊、兰兴周以外，还于6月23日前往北京，聘请刘崇佑律师担任辩护人。

刘崇佑（1877—1942），字厚诚，号菘生，福建侯官县（今闽侯县）人。17岁中举人，后东渡日本学习法律，毕业于明治法政学堂。辛亥革命后，曾任众议院议员。鉴于国事日非，于曹锟贿选前辞职,专任律师。可以说,在五四期间,几乎所有被当局起诉、与学潮相关的案件中,都能够听到刘崇佑的声音。邓颖超回忆说:"我们聘请同情我们的大律师刘崇佑先生为辩护人。当时他几次由北京赶到天津,到狱中去向各代表收集材料;并且指导和帮助我们进行讼诉的事情。我们热心的学习关于讼事的常识,搜集答辩的材料;一面又动员舆论做我们的后盾。组织学生和家属在公审之日出席旁听。我们以一切努力,争取判决宣告被捕代表的无罪。"①

7月1日,周恩来以四位学生代表的名义给刘崇佑律师写信,就天津地方检察厅诉四人的"强暴胁迫,不服解散"做了声明,为刘崇佑辩护提供佐证。

7月6日,此案正式开庭,审判厅前被挤得水泄不通。庭审中,先是由周恩来等列举事实,揭露反动当局迫害爱国群众的卑鄙行径,尔后由他们的三位律师依次发言辩护。其中,刘崇佑的辩护尤其精彩,词意生动,正气逼人,对起诉理由及拟刑根据,逐项加以反驳。

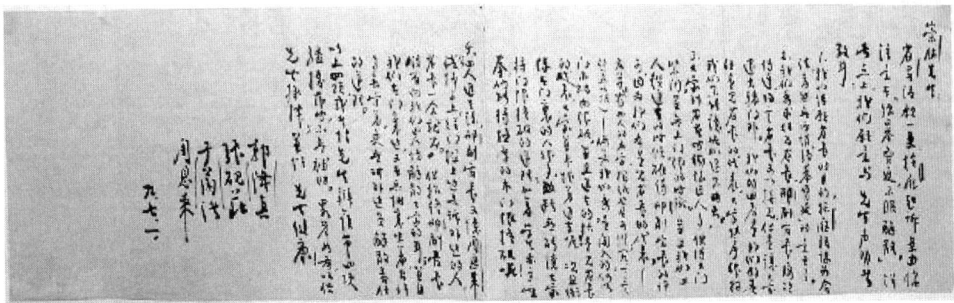

◎ 1920 年 7 月 1 日,周恩来等致刘崇佑律师的信

---

① 邓颖超:《漫话五四当年》,重庆《新华日报》1941 年 5 月 4 日。

◎ 天津学生联合会赠给刘崇佑律师的景泰蓝花瓶

邓颖超回忆说："法庭上挤满了旁听的人群。天津河北三马路上的地方审判厅的外面，站立着伫候消息、声援代表的男女学生和各界的广大队伍。当局也感到众怒难犯，决心释放被禁的代表。但他们还是死要面子，不肯承认自己做下的错事，强把捏造的罪名，加在各个学生的身上，判定了若干日的拘禁，而这判定的日期恰恰和他们已被禁的日数相等。于是法官宣布期满释放。"①

7月17日，天津各界人士迎接周恩来等人出狱。为感激刘崇佑律师，天津学联特地赠送一个景泰蓝大花瓶。

半年来的狱中生活，虽然使周恩来暂时失去了人身自由，但对其成长还是有好处的。在狱中，他组织狱友研究社会问题，办"狱中大学"，介绍各种新思潮，思想迅速向马克思主义发展。后来，他在给友人的一封信中谈到自己对共产主义信仰的认识时说："思想是颤动于狱中"②。

入狱前，周恩来是关心国家命运、积极投身爱国运动的学生；出狱后，他于当年11月赴法国勤工俭学，开始进行深入的社会调查和对信仰的追寻，逐步走上职业革命家道路。

---

① 邓颖超：《漫话五四当年》，重庆《新华日报》1941年5月4日。

② 《周恩来书信选集》，中央文献出版社1988年版，第49页。

经过反复地学习和思索，周恩来作出自己一生最重要的选择，确立了共产主义信仰。1921 年春，经张申府、刘清扬介绍，周恩来加入了旅法的共产党早期组织，同年 7 月，旅欧共产党早期组织与国内北京、上海等共产党早期组织一道，共同发起创建了中国共产党。

1922 年 3 月，24 岁的周恩来在给觉悟社友人的一封信中说："我认的主义一定是不变了，并且很坚决地要为他宣传奔走。"这是确立共产主义信仰后昭告友朋的誓言，里面包含着热情、坚守、牺牲和忠诚，更有狱中最初的萌芽与颤动。

"独立高楼风满袖"

——陈独秀散发《北京市民宣言》

五四运动爆发以后，鉴于北京政府加紧迫害爱国学生的情况，陈独秀专门撰写随感录《研究室与监狱》，"世界文明发源地有二：一是科学研究室，一是监狱。我们青年要立志出了研究室就入监狱，出了监狱就入研究室，这才是人生最高尚优美的生活。从这两处发生的文明，才是真文明，才是有生命有价值的文明。"①

这篇不满百字的短文，不仅是陈独秀人生追求的壮美诗篇，也是整个五四时代激越的号角，成为不少有志青年的座右铭。

1919 年 6 月 9 日，陈独秀起草表达自己"惟有直接行动，

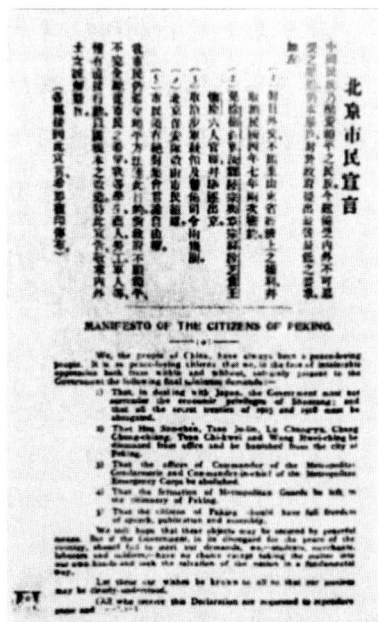

◎ 《北京市民宣言》

---

① 《研究室与监狱》，《每周评论》1919 年 6 月 8 日。

以图根本之改造"革命理念的《北京市民宣言》，尔后把它交给了老乡胡适翻译成英文。为安全起见，李大钊建议把《宣言》送到北大平时印讲义的蒿祝寺旁小印刷所印刷。传单印完，已是午夜一点。

《北京市民宣言》只有一页，上半页为中文，下半页为英文。宣言写道：

> 中国民族乃酷爱和平之民族，今虽备受内外不可忍受之压迫，仍本斯旨对于政府提出最后最低之要求如下：
>
> （1）对日外交不抛弃山东省经济上之权利，并取消民国四年、七年两次密约；
>
> （2）免徐树铮、曹汝霖、陆宗舆、章宗祥、段芝贵、王怀庆六人官职，并驱逐出京；
>
> （3）取消步军统领及警备司令两机关；
>
> （4）北京保安队改由市民组织；
>
> （5）市民须有绝对集会、言论自由权。
>
> 我市民仍希望和平方法达此目的，倘政府不顾和平，不完全听从市民之希望，我等学生商人劳工军人等，惟有直接行动，以图根本之改造。特此宣告，敬求内外士女谅解斯旨。①

陈独秀想试探一下市民对《宣言》的反映，6 月 10 日，他和李大钊等人怀揣《北京市民宣言》，分批来到中央公园（今中山公园），将一张张传单放在公园没有人的桌上，用茶杯压好后离开。

---

① 上海《民国日报》1919 年 6 月 14 日。

◎ 新世界游艺场

6月11日下午，陈独秀与高一涵、邓初、王星拱等人携带传单来到永安路北侧香厂路的新世界游艺场。他们先到四川饭馆"浣花春"吃饭，在饭桌上，他们商讨，由陈独秀带高一涵、邓初到新世界游艺场抛撒传单，以制造轰动效应，其他二人去别处发传单。

香厂路新世界游艺场俗称"大世界"，是仿上海大世界创建的综合性游艺场。里面有京戏场、文明戏场、杂耍场、坤书场，后来又增加了放映无声电影片的电影场。场内还有菜馆、饭馆、台球房、旱冰场等。夜幕下，这里非常热闹。人们到这里购买一次门票就可以到处玩耍，站在楼的顶端，能够欣赏北京南城风光。

当戴白帽穿西服的陈独秀来到楼顶时，下面露台还在放映电影。他觉得这是一个撒传单的好地点，从上衣口袋里掏出传单准备抛撒时，被守在那里的暗探抓捕。陈独秀以惊心动魄的行为实践了他的壮美诗篇——由"研究室"走向了监狱。

高一涵回忆陈独秀被捕情景时说："我们正在向下撒传单时，屋顶花园的阴暗角落里走出一个人来，向陈独秀要传单看，陈独秀实在天真、幼稚，就从衣袋里摸出一张传单给那个人，那个人一看，马上就说：'就是这个'。即刻叫埋伏在屋顶花园暗地里的一伙暗探，把陈独秀抓住。我乘这个机会，急走到屋顶花园的天桥上，探子大叫：'那里还有一个！'我就在此一刹那间，把手中拿的传单抛了，赶快走下去，杂在戏园里的观众中，并脱去长衫，丢掉草帽，躲藏起来。……遥见陈独秀已被探子们捉下楼来。陈独秀怕我们不知道他被捕，故意大呼大跳起来，说：'暗无天日，竟敢无故捕人！'"①

新世界处于闹事繁华地带，为避免引起公众注意，一名暗探脱下灰色大褂将陈独秀罩住，秘密押往外右五区警察署。据档案记载，在押送陈独秀的路上，步军统领衙门与警察署的探员发生争执，他们都想将陈独秀带回己方处理。因警署人多，陈独秀才被解送至警署。步军统领王怀庆是陈独秀《北京市民宣言》要求罢免官职并驱逐出京的6人之一，对陈独秀恨之入骨，主张"非严办不可"，而与之相比，京师警察厅总监吴炳湘是安徽同乡，态度较为缓和。陈独秀若是落入王怀庆之手，生还希望必定渺茫。

陈独秀被捕的消息在学生界、知识界引起极大震动。13日，北京《晨报》最先披露这一消息。随后，全国各大报纸相继报道评论。各地函电交驰，社会团体、学者名流、学生等纷纷行动，一致要求政府当局立即释放陈独秀。如果说《新青年》是用思想

---

① 高一涵：《李大钊同志护送陈独秀出险》，《文史资料选辑》第61辑，中华书局1979年版，第52页。

火花点燃了五四之火，陈独秀的《北京市民宣言》则是以大无畏的精神道出了广大民众的积愤。6 月 29 日，胡适在《每周评论》上发表短文《爱情与痛苦》，"爱国爱公理的报酬是痛苦，爱国爱公理的条件是要忍得住痛苦"，借以鼓励陈独秀在狱中坚持斗争。

在监狱里，陈独秀真的把这里当成了研究室，帝国主义对中国的压迫和北洋政府对外卖国对内镇压的现实促使他重新选择救国之路，潜心研究起了马克思主义理论和俄国革命成功的经验，自己的思想进一步向马克思主义转变。

在各方声势浩大的营救浪潮下，面对强大的舆论压力，京师警察厅于 9 月 16 日作出释放陈独秀的裁决："查陈独秀以传单煽人为乱，殊属违法，既据联名列保称无别情，看押三月有余，查察尚知悛悔，姑念系属学子，拟从宽准予保释。惟其不知检束，殊有破坏社会道德，拟仍按豫戒法第三条四款，施以豫戒。"

在监狱拘禁近百天的陈独秀，终于可以回家了。虽然并没有获得完全的自由，但走出监狱无论如何也是值得喜庆的事情。李大钊、刘半农、胡适、沈尹默等人在《新青年》发表白话新诗，欢迎他的出狱。1919 年 11 月出版的《新青年》第 6 卷第 6 号几乎成了欢迎陈独秀出狱专号。

李大钊在《欢迎独秀出狱》中写道："你今天出狱了，我们很欢喜！他们的强权和威力，终竟战不胜真理。……什么监狱什么死，都不能屈服了你，因为你拥护真理，所以真理拥护你。""出了研究室便入监狱，出了监狱便入研究室。他们都入了监狱，监狱就成了研究室，你便久住在监狱里，也不须愁着孤寂没有伴侣。"①

---

① 李大钊：《欢迎独秀出狱》，《新青年》第 6 卷第 6 号，1919 年 11 月 11 日。

◎《新青年》第6卷第6号

陈独秀出狱后，思想发生很大变化，他不仅在参加欧美同学会成立周年纪念会致词时高度评价五四运动，而且拒绝蔡元培请他担任史学系教授的邀请，决定开始专心从事社会运动，开始由民主主义者逐渐向共产主义者靠拢。他的这些思想，在1920年2月5日应武汉学联文华学生协进会之邀，在文华大学演讲《社会改造的方法与信仰》时明白地表露出来。他认为，社会改造的方法一是"打破阶级的制度，实行平民社会主义"，二是"打破继承制度，实行共同劳动工作"，三是"打破遗产制度，不使田地归私人传留享有，应归为社会的共产"，人们应有的共同信仰是"平等、劳动"。

按照豫戒法规定，出狱后的陈独秀不得擅自离开北京，不得从事政治活动，并由"巡官等随时视察按月呈报""免其再有越轨行为"。而陈独秀在武汉等地的讲演情况刊登于国内各地报纸，警方由此得知他已出京。

1920年2月8日，陈独秀返回北京后，即遭警察上门询问。为安全起见，李大钊等人决定设法送他离京。时至年关，李大钊与陈独秀化装成收账的生意人，雇了一辆带篷的骡车出朝阳门南下，到离北京较远的一个地方后，改乘火车去天津。高一涵回忆说，"守常割去胡须，〔带〕[戴]上瓜皮小帽，手携旱烟袋，盘膝坐车上，独秀着王宅厨役油背心，望之俨然两商人也。沿途因守常操北音，故无人盘问而安然脱险矣。"①

　　陈独秀从天津坐船前往上海，从此告别教授生涯，走上了职业革命家的道路。这次分手后，二人相继在北京和上海建立了中国共产党的早期组织。多年以后，胡适回忆说："无论怎样，自一九二○年一月以后，陈独秀是离开我们北京大学这个社团了。他离开了我们《新青年》团体里的一些老朋友；在上海他又交上了那批有志于搞政治而倾向于马、列主义的新朋友。时日推移，陈独秀和我们北大里的老伙伴，愈离愈远。"②

---

① 高一涵：《李大钊同志略传》，《中央日报》附《中央副刊》（武汉）第60号，1927年5月23日。

② 《胡适口述自传》，安徽教育出版社1999年版，第225页。

中国第一个研究马克思主义的团体

——北京大学马克思学说研究会

五四运动以后，社会改造的呼声迭起，进步社团和刊物如雨后春笋般地大量涌现，各种新思潮纷至沓来。人们普遍认为旧的道路已经走不通了，需要寻求新的出路。可是，新的出路是什么？人们一时又找不到答案。正如鲁迅后来所说："先前，旧社会的腐败，我是觉到了的，我希望着新的社会的起来，但不知道'新的'该是什么，而且也不知道'新的'起来以后，是否一定就好。"①

为了寻求一条新的救国之路，当时的中国先进分子们贪婪地从各种思潮中汲取营养，试图描绘出未来中国社会的蓝图。各种主义和思想在中国大地上激荡。无政府主义、工团主义、基尔特社会主义、空想社会主义和托尔斯泰的无抵抗主义、日本武者小路实笃的新村主义等等，都打着"社会主义"的招牌，使一部分热心寻求真理的青年误入歧途。

在这种情况下，李大钊指导以北京大学学生为主的青年知识分子，有组织地研究和宣传马克思主义，宣传十月革命的道路。1920 年 3 月 31 日，在他的倡导下，北大红楼里秘密诞生了中国第一个马克思主义研究团体——"马克思学说研究会"，汇聚了邓

---

① 《鲁迅全集》第 6 卷，人民文学出版社 1958 年版，第 18 页。

◎ 北京大学马克思学说研究会部分会员合影

中夏、高君宇、张国焘、黄日葵、何孟雄、罗章龙等一批具有共产主义思想的青年人。当时的活动地点主要在李大钊的图书馆主任室，朱务善回忆说，"李大钊同志说话声音不大，又很沉静，表现出一种高度自信心与坚定性，最能吸引听众的注意，使人悦服。会后，教室里还拥挤着很多人，在那里互相争论，喋喋不休。"①

为避免当局的注意，研究会一直处于秘密状态，并没有广泛开展它的工作，吸收广大的革命青年参加。直到 1921 年 11 月也只有 19 名会员，他们都是北大学生（含旁听生），除高崇焕、杨人杞、范齐韩三人外，其他 16 人都先后加入了中国共产党。

直到中国共产党成立以后，为扩大马克思主义宣传阵地，研究会才决定在《北京大学日刊》上刊登由 19 名会员具名发起的募员启事，并争取到了校长蔡元培的支持。

---

① 朱务善：《回忆北大马克斯学说研究会》，《五四时期的社会团》（二），三联书店 1979 年版，第 295—296 页。

◎ 1921 年 11 月 17 日,《北京大学日刊》登载的《发起马克斯学说研究会启事》

1921 年 11 月 17 日的《北京大学日刊》登载的《发起马克斯学说研究会启事》指出:"马克斯学说在近代学术思想界底价值用不着这里多说了,但是我们愿意研究他底同志,现在大家都觉得有两层缺憾:(一)关于这类的著作博大渊深,便是他们德意志人对此尚且有'皓首穷经'的感想,何况我们研究的时候更加上一重或二重文字上的障碍,不消说,单独研究是件比较不甚容易完成的事业了。(二)搜集此项书籍也是我们研究上重要的先务。"因此,研究会"以研究关于马克思派的著述为目的""对于马克思派学说研究有兴味的和愿意研究马氏学说的人,都可以做本会底会员""入会手续,由会员介绍或自己请愿,但须经会中认可。"①

① 张允侯、殷叙彝、洪清祥、王云开:《发起马克斯学说研究会启事》,《五四运动时期的社团》(二),三联书店 1979 年版,第 272—273 页。

中国第一个研究马克思主义的团体——北京大学马克思学说研究会

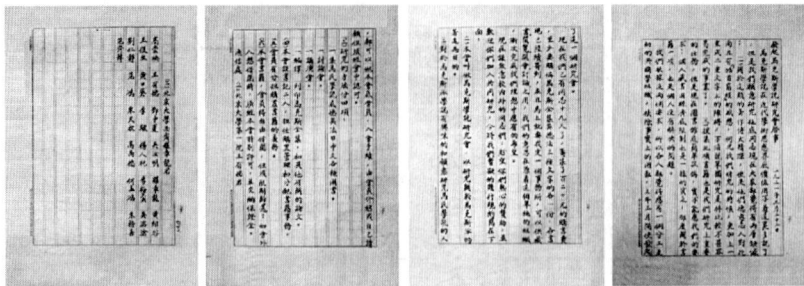

◎ 《发起马克斯学说研究会启事》

　　罗章龙回忆说："启事是由我写的，写好以后，由我和另一位同志去找蔡元培先生，要他同意把启事刊载在《北京大学日刊》上。我向蔡先生宣传一番我们为什么要组织马克思学说研究会的道理，蔡先生看了一下启事和名单，沉默了一会，最后同意给予刊登了。由于蔡先生左右有不少顽固保守的人，因此，我们找蔡先生要求刊登马克思学说研究会启事这件事，就没有让他左右的人知道。待到《北京大学日刊》把启事登出来后，这些人便对蔡先生说：'今后学校不得太平了。'尔后，马克思学说研究会拟在北大会议厅开成立大会，蔡先生又答应了我们的请求，同时还应邀出席了成立大会，并在会上作了简短扼要的讲话。开完成立大会后，还拍了一张照片。这样马克思学说研究会便算公开成立了。"①

　　目前珍藏在国家博物馆的《发起马克斯学说研究会启事》是一个抄件。所谓抄件，是指用手工抄录一些比较重要的文献档案资料。

　　1978 年 8 月，时任中国革命博物馆顾问的罗章龙先生在鉴

---

① 罗章龙：《椿园载记》，三联书店 1984 年版，第 87 页。

定这份《发起马克斯学说研究会启事》抄件时指出，"这个'启事'是我在一九二一年三月份写的，直到一九二一年十一月十七日才登在《北京大学日刊》上，这里关键是，要正式公开宣布马克思学说研究会的成立，首先就要得到校长的同意，要得到校长的同意，就要向校长做工作，因而需要有一个工作过程，这样见报就晚了。""当时我写这个'启事'的稿子有两份，一份我交给《北京大学日刊》，他们用完没有还我，另外，我们自己还保留了一份。"

国家博物馆的这件《发起马克斯学说研究会启事》，就是罗章龙自己保留的那份手稿的抄件。1978 年在进行鉴定的时候，罗章龙也注意到这份抄件所用稿纸边沿上的"国立北京大学附设内分泌学研究所"字样，他说，"我在北大念书时，没有国立北京大学附设内分泌研究所这个印象"，"这份'启事'是后来抄的，

◎　位于景山东街马神庙北大二院的"亢慕义斋"

具体什么时候抄的，弄不清。"

《发起马克斯学说研究会启事》刊登之后，在蔡元培校长的支持下，研究会发展迅速，仅仅一个月，会员便增至 45 人。随着人员的增加，蔡校长还把位于景山东街马神庙北大二院西斋的两间房屋拨给研究会。研究会将其辟为图书室和活动场所，其中图书室取名为"亢慕义斋"，"亢慕义"即英文"Communism"（共产主义）的音译，"斋"即宿舍卧室之意（当时北大宿舍称斋）。

"亢慕义斋"的两间房子很宽敞，应有设备齐全，还有工友值勤。摆放整齐的室内，墙壁正中挂有马克思像，像的两边贴有一副对联："出研究室入监狱，南方兼有北方强"，对联是宋天放

◎ 亢慕义斋里的部分图书

的手书，取自陈独秀和李大钊的诗句。上联意指搞科学研究和干革命，革命是准备坐监牢的；下联意指马克思学说研究会里，有南方人，有北方人。李大钊称南方人为南方之强，邓中夏、罗章龙等很多南方来的同学则称誉李大钊为北方之强，南方之强又加上北方之强，表示南北同志团结互助、同心同德。

研究会成立后，开展了一系列活动。

第一，大力搜集马克思主义的书籍。

在李大钊的支持和帮助下，会员们一方面在国内搜集，一方面向国外购买相关书籍。在北大图书馆中，现在仍保存着1920年9月再版的《共产党宣言》中译本，以及8本封面盖有"亢慕义斋图书"印章的德文原版共产主义文献。其中，有列宁的《伟大创举》《共产主义运动中的"左派"幼稚病》，还有季诺维也夫的《共产党在无产阶级革命中的作用》等。印刷出版时间分别为1920年、1921年及1922年。这说明研究会已经同共产国际的出版机构建立了联系。

第二，分组开展专题研究。

研究会按照会员的研究志趣，实行自由结合，分组研究。当时按专题分为10个组：第一组唯物史观，第二组阶级斗争，第三组剩余价值，第四组无产阶级专政及马克思预定共产主义完成的三个时期，第五组社会主义史，第六组各种社会主义之比较及其批评，第七组经济史及经济学史，第八组俄国革命及其建设，第九组布尔什维克党与第三国际共产党之研究，第十组世界资本主义国家在世界各弱小民族掠夺之实况——特别注意于中国。不久研究会又另设《资本论》研究组，并聘请陈启修为该组导师。

第三，定期举行讲演会。

李大钊和进步教授陈启修、高一涵等都是常常被聘请去做讲演。1922年2月19日下午，在研究会第一次公开讲演会上，李大钊就作了《马克思经济学说》的专题讲演，颇受青年们的欢迎。研究会还曾发出过这样的通告："5月5日（星期五）是马克思诞生百又四周年纪念日。本会定于是日下午1时在北大第三院（北河沿）大礼堂举行纪念大会，并请李大钊、顾孟余、陈启修、高一涵诸先生讲演。此会系公开性质，无论何人均一律欢迎。"①

第四，举行讨论会和辩论会。

讨论会每星期举行一次，"先由会员一人述释该题之内容及其要点，然后付之讨论"。同时，还举行不定期辩论会，从辩论中获得知识和真理。有一次，研究会在沙滩红楼一个大教室开辩论会，辩论题目是"社会主义是否适宜中国?"参加辩论会的人都是北京各大学及专门学校的学生和教员。两方面辩论终结时，李大钊以评判员身份，用唯物史观的观点来解答这个问题。这些活动，既扩大了马克思主义的影响，又提高了会员和非会员的思想觉悟。

李大钊这时已开始认识到，在中国仅仅建立马克思学说研究会是不够的，必须筹建无产阶级政党，中国革命才有希望。"C派的朋友（即共产主义者）若能成立一个强固的精密的组织"，"与各国C派的朋友相呼应"，以"第三国际为中枢"，"并注意促进其分子之团体的训练，那么中国彻底的大改革，或者有所附托"②。

---

① 《近代史资料》1955年第2期。
② 《李大钊文集》下，人民出版社1984年版，第443、444页。

"倾家纾难，接济贫寒"

——从李大钊的工资条说开去

众所周知，李大钊是 1918 年 1 月，经章士钊举荐而担任北京大学图书馆主任一职的。从最初月薪 120 元到牺牲前的 280 元，他在北京大学度过了 38 年短暂人生中的最后十年，也是浓墨重彩的十年。这十年来，李大钊的职位和薪金都发生了怎样的变化呢？我们不妨通过相关资料和馆藏文物，来简单梳理一下。

李大钊的月薪标准，依据的是 1917 年教育部颁布的《国立大学职员任用及薪俸规程》：蔡元培是一级校长，月薪 600 元；陈独秀是四级文学科学长，月薪 300 元。李大钊当时不在教员序列，他领取的是五级主任的月薪 120 元。

薪金	校长	学长	主任	正教授	本科教授	预科教授	助教
一级	600	450	200	400	280	240	120
二级	500	400	180	380	260	220	100
三级	400	350	160	360	240	200	80
四级		300	140	340	220	180	70
五级			120	320	200	160	60
六级				300	180	140	50

◎ 民国时期国立大学教职员薪俸表

担任北京大学图书馆主任期间，李大钊对北大图书馆进行了一系列整顿和改革，使得北大图书馆由一个封建藏书楼变成服务教学和科研的图书馆。1918年10月，北大红楼落成，图书馆也随之迁入，几乎占去整个一层楼。一楼东南角有两间房连通，外间是会议室，里间则是李大钊的主任室，共约50平方米。傅斯年回忆说，"守常的那间屋子，在当时几乎是我们一群朋友的俱乐部，在里边无话不谈。"①

就在这个月，经杨昌济介绍，毛泽东到北大图书馆任助理员，和李大钊一起工作了四个多月。他后来回忆道："我从前在师范学校的伦理学教员杨昌济，这时是国立北京大学的教授。我请他帮助我找工作，他把我介绍给北大图书馆主任。他就是李大钊，后来成了中国共产党的一位创始人，被张作霖杀害。李大钊给了我图书馆助理员的工作，工资不低，每月有八块钱。"②

两年的时间里，李大钊的声誉日隆。鲁迅曾回忆说，李大钊留给他的印象很好，"诚实，谦和，不多说话。《新青年》的同人中，虽然也很有喜欢明争暗斗，扶植自己势力的人，但他一直到后来，绝对的不是。"③1920年7月8日，北京大学评议会特别会议，全体通过"图书馆添用助教，图书馆主任改为教授"。此后，李大钊便以北大教授的身份兼任图书馆主任，1920年为政治学系教授，1921年改聘为史学系教授。聘为教授以后，他的月薪也变成了200元。

---

① 王光祈先生纪念委员会编：《王光祈先生纪念册》，1936年刊印，第55页。

② [美]埃德加·斯诺：《西行漫记》，生活·读书·新知三联书店1979年版，第126页。

③ 《守常全集》题记，《鲁迅全集》第四卷，人民文学出版社2005年版，第538页。

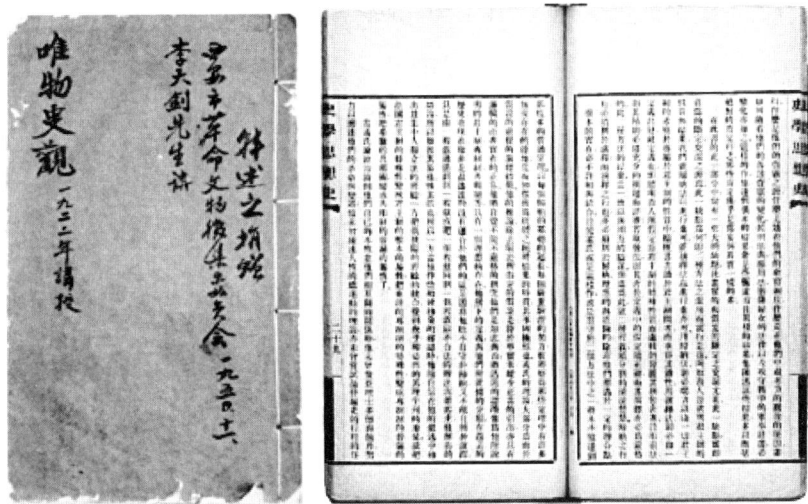

◎ 李大钊的《唯物史观》和《史学思想史》讲义

当时的国立大学教员分为正教授、本科教授、预科教授和助教，一共四等，每等6级。原则上，教员连续工作满一年就可以进一级。根据《教员延聘施行细则》规定，能否晋级还要参考以下条件：（甲）教授成绩；（乙）每年实授课时间多寡；（丙）所任学科性质；（丁）著述及发明；（戊）在社会之声望[①]。

从1920年起，李大钊先后在北京大学史学系、政治学系开设了《唯物史观》《史学思想史》《现代政治》《工人的国际运动》《社会主义与社会运动》等课程，还编写了《唯物史观》和《史学思想史》等专著和讲义，开启了在中国大学讲授马克思主义理论课程之先河。其中，《史学思想史》是史学系的选修课程，授课地点在红楼第十四教室；《现代政治》是政治学系的讲座课程，《工人的国际运动》的授课地点在红楼第三教室。选修过《唯物史观》

---

① 《教员延聘施行细则》，《北京大学日刊》1918年5月30日。

课程的罗章龙回忆说，"李先生讲课有系统，兼有条理，而且联系中外数千年的历史发展加以印证，具有高度说服力，所以同学们听课十分踊跃，座无虚席，迟到的就站着听讲，这些对我印象至深。"①

除北京大学之外，李大钊还在北京女子高等师范学校讲授课程，当时是以讲师身份计酬。讲师，在当时是一个非常设的兼职工作岗位，只按授课钟点给予酬劳，视难易程度从二至五元不等。

受聘为教授之后仅几个月，李大钊就入选了"商决校政最高机关"的北京大学评议会。评议员只能由教授担任，并且由教授互选产生，每年改选一次。1920年10月14日的《北京大学日刊》公布了新一届评议会选举结果：有效选票41张(总票数为43张)，

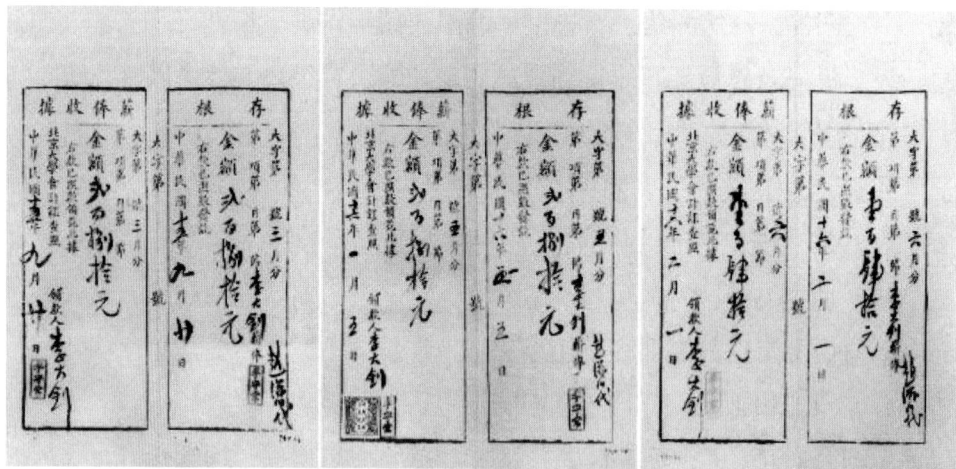

◎　李大钊的三张薪俸收据

① 罗章龙：《亢斋回忆录——记和守常同志在一起的日子》，《回忆李大钊》，人民出版社1980年版，第29页。

李大钊得 20 票，与其他 15 人当选。从 1920 年至 1923 年，李大钊连续四年当选，且得票数逐年增加。

1922 年 12 月，李大钊辞去图书馆主任职务，转任校长办公室秘书。1924 年以后，李大钊专注党的工作，只保留了北京大学教授的职位，他这时的工资已经达到 280 元。

这是李大钊在北京大学任教期间的三张薪俸收据，每月 280 元的月薪，都由夫人赵纫兰代领，最晚的一张是 1927 年 2 月 1 日，此时距离李大钊英勇就义仅有两个多月。值得注意的是，这几张工资条的拖欠时间基本上都超过了半年。1926 年 9 月领取的薪俸是上一年 3 月的，1927 年 1、2 月领取的薪俸是上一年 5、6 月的。其中，1927 年 2 月 1 日领取的只是半薪，也就是 280 元的一半。

堂堂大学也会出现拖欠教职员薪俸的情况吗？这是因为当时的军阀政府为了争权夺利，经常推迟拨付教育经费。冯友兰回忆说，"有一个教授，同时在四个大学里教课，到了年节，四个大学都发不出工资，当时称为'四大皆空'。"早在 1921 年 3 月 15 日，北京国立八校就成立教职员代表联席会议，决定联合行动，集体罢教，开展索薪斗争。会议推选北大教授马叙伦为主席，李大钊为新闻股干事。马叙伦被军警打伤后，李大钊代理主席，继续领导斗争一年多。这也是影响他到上海参加中共一大的主要原因之一。

相当一段时间，北京大学教职员的月薪都是在一个月以后分两次发放，每次支付半额，且多以"现洋五成中票五成"发放。所谓"现洋五成中票五成"是指薪俸中一半以银圆（即现大洋）支付，一半以中国银行和交通银行发行的钞票（兑换券）支付。中国银行和交通银行是北洋军阀政府的两大金融支柱，它们发行的钞票或兑换券（简称"中票"），在市场上贬值，很难兑现。

因此，李大钊前两张薪俸收据上的 280 元应是足月工资，能一次领到较为难得，而第二张薪俸收据的 140 元，明显只是半月之数。从薪俸收据上看，李大钊在 1926 年的工资已达 280 元，远远超过 1918 年他担任图书馆主任时的 120 元。工资虽然涨了，但支出也更多了。

李大钊生活俭朴，严于律己，很少在自己和家人的身上花钱。蔡元培发起成立的进德会，以不嫖、不赌、不娶妾为基本戒条，李大钊一入北大即加入进德会，成为甲种会员，言行统一，克己待人，被广大师生称道。

在北京大学任职之时，李大钊是出了名的乐善好施，"他经常倾家纾难，接济贫寒的青年和支持革命活动，以至学校发薪水时不得不预先扣下一部分直接交予他的夫人，以免家庭生活无

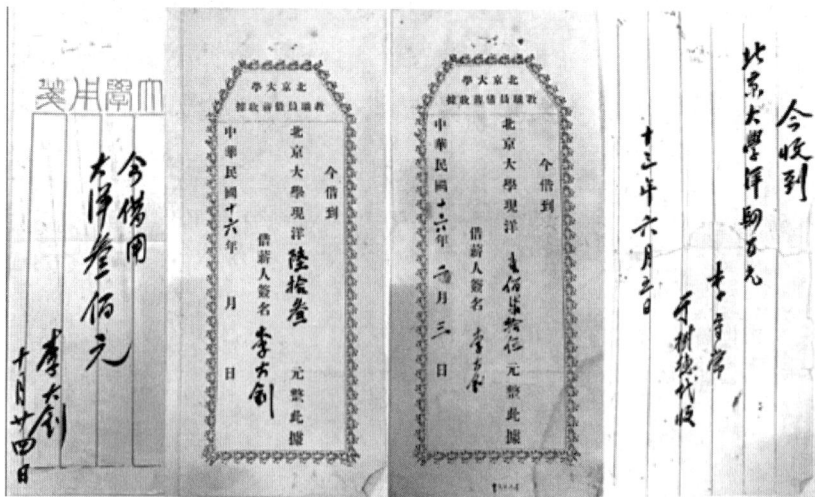

◎ 李大钊的部分借薪收据

以为继。"① 对此，赵纫兰没有任何怨言，将有限的生活费精打细算，照顾好家庭，让丈夫没有任何后顾之忧。

李大钊接济过包括刘仁静、曹靖华等在内的许多贫困学生，这几张就是他的借薪收据。第一张印有"北京大学用笺"抬头的信纸，"今借用大洋叁佰元"，中间两张是专用的"北京大学教职员借薪收据"，金额分别是63元和175元。最后一张的数额巨大，是1924年6月5日，于树德代收的400元的借款单据，几乎等于李大钊一个半月工资。当时，正受到京师警察厅通缉的李大钊，接到党中央派他率团去苏联参加共产国际第五次代表大会的通知。临行前，他委托于树德到北大借款400元，作为党组织的活动经费。

李大钊的公而忘私、舍己为人，真正达到了"忘我"的境地。1920年10月，李大钊在北大红楼图书馆主任室秘密召集会议，成立北京共产党早期组织，并当众宣布每月从个人薪俸中捐出80元为开展各项活动的费用。很多时候，明明工资已经捉襟见肘，他还继续写借条让人到北大会计室领取，发工资的时候再扣除。在已知的早期共产主义者中，他是每月资助革命最多的人。

为了革命同志，李大钊不仅借款，连心爱之物也赠送。1924年在莫斯科时近寒冬，他见罗章龙衣着单薄，随即送上自己的毛毯。罗章龙一再推辞，但李大钊再三坚持。事后，罗章龙才知道这条毛毯跟随李大钊多年，上面有赵纫兰一针一线缝上的蔷薇刺绣和文字。

据资料记载，20世纪二三十年代，大学教授收入相当丰厚，

---

① 习近平：《在纪念李大钊同志诞辰120周年座谈会上的讲话》，光明网2009年10月28日。

而且北京的生活成本较低。一个小家庭的用费，每月大洋几十元即可维持。如每月有 100 元，便是很好的生活。本来，李大钊可以安安稳稳地拿着高工资在北大教书，过着一生富足的生活。但是，为了寻求真理，他偏偏选择了一条最艰难的道路，用自己的苦难和动荡才换来了今天的幸福和安稳。

李大钊英勇就义以后，中外记者到他租住的府右街朝阳里 3 号家中采访时，震惊不已。《晨报》《京报》等纷纷报道，"李夫人回家后，仅一元之生活费"，就连日本人主办的《顺天时报》也撰文曰，"李大钊平昔不事储蓄，身后极为萧条"。

李大钊就义之后，他的生前好友，纷纷为赵纫兰及孩子们捐款。这其中还包括北大同事沈尹默代领的两张"北京大学教职员借薪收据"，时间是 1927 年 5 月 30 日和 6 月 8 日，金额分别是 224 元和 264 元。李大钊一生中的借款，从来都是慷慨地用于党的事业和其他同志，这一次终于用在了自己的家人身上。

李大钊的灵柩在北京宣武门外妙光阁浙祠内停放了六年。1933 年 4 月，被北洋军阀赶回老家的赵纫兰带着儿女从乐亭返回北京。蒋梦麟、沈尹默等昔日北大同事纷纷伸出援手，为李大钊发起公葬。蒋梦麟亲自在香山万安公墓为李大钊选购墓地，刘半农教授执笔

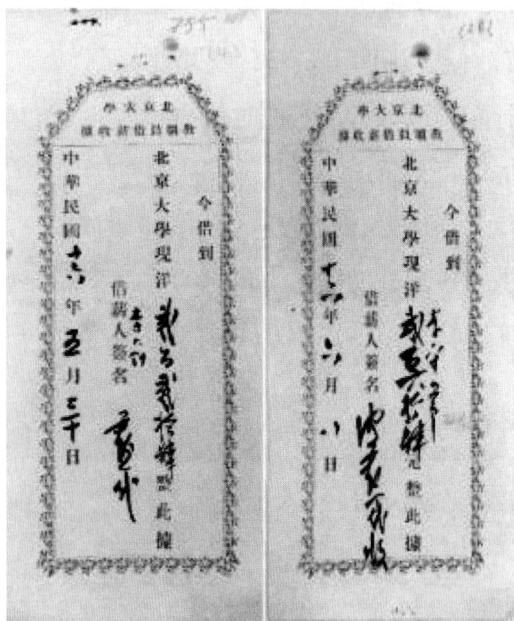

◎ 沈尹默代领的两张北京大学教职员借薪收据

撰写碑文："君温良长厚，处己以约，接物以诚，为学不疲，诲人不倦，是以从游日众，名满域中。"

李大钊终于入土为安，了却心愿的赵纫兰也在一个月后离开人世，两个人从此长眠在北京西山脚下。在这段革命年代最令人唏嘘的浪漫故事里，有福祸相依的相知，有荣辱与共的相守，还有彼此珍惜的相望。尤其是李大钊高举的旗帜，更是为他与赵纫兰的爱情添上了最后一抹革命的底色。

"真理的味道有点甜"

——《共产党宣言》的中译本

　　十月革命和五四运动进一步促进了马克思主义在中国的传播，使马克思主义由社会主义思潮中的一支涓涓细流汇聚成磅礴的力量，在中国思想界澎湃激荡。只言片语、零散的、不系统的马克思主义理论已经难以满足中国先进分子的需要，经典著作的大量翻译与引进成为人们的现实诉求。作为马克思主义理论纲领性文件之一，《共产党宣言》全文的翻译成为宣传和学习马克思主义理论的迫切任务。

　　陈望道（1891—1977），浙江义乌人。1915年赴日本留学，结识了日本著名进步学者河上肇、山均川，广泛阅读了他们翻译的马克思主义书籍和文章。从日本回国后，经受五四新文化运动的洗礼使他进一步认识到"不进行制度的根本变革，一切改良措施都是徒劳无益的"。此外，深厚的英语和日语功底以及良好的汉语语言

◎　陈望道

文学修养更使陈望道成为翻译《共产党宣言》的不二人选。

应《星期评论》杂志之邀，陈望道于 1920 年初春回到家乡义乌分水塘村，开始潜心翻译《共产党宣言》。习近平同志曾讲过陈望道翻译《共产党宣言》时的故事。在翻译这本书时，陈望道的妈妈为他准备了一碟红糖蘸粽子吃，后来问他红糖够不够，他说："够甜，够甜了。"当他妈妈来收拾碗筷时，却发现儿子的嘴上满是墨汁。原来，陈望道是蘸着墨汁吃掉粽子的。这就是真理的味道，信仰的力量！

本来就对社会主义十分憧憬、对马克思主义充满敬仰的陈望道以日文版为依据，同时与英文版相互对照，费了平时译书的五倍功夫，终于在当年 4 月完成了《共产党宣言》的中文翻译。不久，他接受《星期评论》编辑部邀请赴沪参与编刊。在上海又对《共产党宣言》译稿作了整理，李汉俊、陈独秀进行了校勘。

1920 年 6 月 6 日，《星期评论》出至第五十三号遭查禁。面对意外变故，陈独秀等人与刚刚来沪的共产国际代表维经斯基商量，决定创办一个红色出版机构——社会主义研究社，设于上海法租界环龙路老渔阳里 2 号（今南昌路 100 弄 2 号），直接出版陈望道译的《共产党宣言》单行本。为此，维经斯基赞助了两千元钱，陈独秀在上海法租界辣斐德路成裕里的石库门建筑内设立又新印刷所，由郑佩刚负责马上着手筹备。

郑佩刚回忆说，"购家具、买铅字；印机就利用'民声社'存下来的那部。马觉非同志介绍他的学生振桐来当我的助手，我爱人无等也带了孩子从广州回到上海来，参加地下工作。她以前在'民声社'搞宣传工作时，对印刷业务是一把好帮手。此外，还从我以前领导的'华强印刷所'调了四位熟练技工来，这样一个新的战斗阵地很快就部署好了。这印刷所命名'又新印刷所'。

取'日日新又日新'之意。"①

中译本为竖排平装本，内文共 56 页，以五号铅字印刷，每页 11 行，每行 36 字，文中部分专用名词后注有英文供参照。封面标注"社会主义研究小丛书第一种"，作者标注为"马格斯、安格尔斯合著""陈望道译"。书末版权页还竖排印有几行字："一千九百二十年八月出版""定价大洋一角""印刷及发行者社会主义研究社"。封面印有水红色的马克思肖像（1875 年拍摄于

◎ 陈望道翻译的第一版《共产党宣言》中译本

伦敦）。本书初版印数 1000 册，书的尺寸长 18.1 厘米，宽 12.2 厘米。

由于第一版《共产党宣言》中译本的封面书名错印成《共党产宣言》，同年 9 月再印 1000 册，封面书名更正为《共产党宣言》，马克思肖像的底色也从水红色改成了蓝色，书中正文只字未动，封三的版权页上印着"一千九百二十年九月再版"字样。

刚拿到还散发着油墨清香的《共产党宣言》中文首译本，陈望道即将自己的译著赠给鲁迅和他的胞弟周作人，以求指正。鲁迅在收到书的当天就仔细阅读了一遍，他对这位小同乡的作为赞

---

① 郑佩刚：《无政府主义在中国的若干史实》，《无政府主义思想资料选》下册，北京大学出版社 1984 年版，第 958—959 页。

◎ 1920 年 9 月第二版《共产党宣言》中译本

赏有加，"现在大家都在议论什么'过激主义'来了，但就没有人切切实实地把这个'主义'真正介绍到国内来，其实这倒是当前最紧要的工作。望道在杭州大闹了一阵之后，这次埋头苦干，把这本书译出来，对中国做了一件好事。"

这件事好在什么地方？首先是加速了马克思主义在中国的传播。其次，为中国共产党建党工作助力护航。1936 年，毛泽东在陕北根据地，曾对美国记者斯诺说："有三本书特别深刻地铭记在我的心中，使我树立起对马克思主义的信仰。我接受马克思主义、认为它是对历史的正确解释，以后，就一直没有动摇过。"排在这三本书之首的即是陈望道翻译的《共产党宣言》。毛泽东进而又说："到了一九二〇年夏天，我已经在理论上和在某种程度的行动上，成为一个马克思主义者，而且从此我也自认为是一个马克思主义者了。"①

大革命失败后，革命理论准备的不足更加激发中国共产党人、先进知识分子学习和研究马克思主义理论的热情。

1929 年，在上海书店被查封以后，中国共产党秘密创办了

---

① ［美］埃德加·斯诺：《毛泽东一九三六年同斯诺的谈话》，人民出版社1979 年版，第 39 页。

华兴书局。在白色恐怖包围下，为了适应当时革命形势的需要，华兴书局和其他一些进步出版发行机构出版了一大批马克思主义经典著作。华岗的《共产党宣言》中译本就是其中之一，这是中国共产党成立后，第一个由共产党人翻译的中文全译本，当时华岗年仅 27 岁。他参照陈望道译本，字斟句酌，反复推敲，于1930 年初由华兴书局出版了《共产党宣言》中英文对照本。

◎ 华岗的《共产党宣言》中译本

这个译本的内容包括：《共产党宣言》《1872 年序言》《1883年序言》《1890 年序言》。这三个序言是《共产党宣言》的三个德文版序言，首次与我国读者见面。该译本的后半部还附有《共产党宣言》的英文全文，这也是我国最早出版的英文本《共产党宣言》，采用的是恩格斯亲自校阅的 1888 年英文版本。采用英汉对照形式出版《宣言》在我国也属首次，更利于《宣言》思想的准确传播。

从 1920 年陈望道的译本问世，到 1930 年华岗译本出版，其间相隔十年，华岗从一名青年学生逐步成长为成熟的革命者，对《宣言》的理解也在不断提升。他将《共产党宣言》的最后一句话译为"全世界无产阶级联合起来"，十分接近现在通行的译文"全世界无产者，联合起来"。

1938 年，中央宣传部门为寻找更加忠实于原文的版本，委

◎　成仿吾、徐冰的《共产党宣言》中译本

托时任陕北公学校长成仿吾和《解放日报》编辑徐冰共同翻译德文版的《共产党宣言》。他们把书分成两部分，成仿吾译前半部，徐冰译后半部，利用业余时间译出。同年8月，该译本在延安解放社作为《马恩丛书》第4种出版；9月，在武汉和上海由我党领导的中国出版社、新中国出版社、新文化书房等出版。

对于成仿吾来说，这已经是第二次翻译《共产党宣言》了。早在1929年他在法国留学时，就曾译过《共产党宣言》，并请人将译稿带往莫斯科交给蔡和森，而此时蔡和森已调回国内，不久牺牲，译稿也就石沉大海了。

成仿吾、徐冰译本第一次在书前刊登了马克思和恩格斯的标准像，语言更规范，表达更准确，除竖排版外，还有横排版，开始向现代书籍形式过渡。这个译本作为当时陕北公学马列主义课的教材，是当时中共干部的必读书籍，对提高中共的马克思主义理论水平起了巨大作用。它不仅在各抗日根据地广为传播，在国统区也传播很广。

1943年5月，毛泽东主持中央书记处会议作出《关于一九四三年翻译工作的决定》，指出："延安过去一般翻译工作的质量，极端不能令人满意""为提高高级干部理论学习，许多马、恩、列、斯的著作必须重新校阅"①，由博古、张闻天、师哲等人组成"翻译校阅委员会"。

博古接受了重新翻译《共产党宣言》的任务。他根据俄文版对成仿吾、徐冰译本进行了校译，并在原有三篇德文版序言的基础上，增译了一篇1882 年的俄文版序言。此译本首版于 1943 年 8 月由解放社出版，新华书店发行。

译本出版后，被中共中央指定为"干部必读书"之一，

◎ 博古的《共产党宣言》中译本

在各解放区广泛印行，成为新中国成立前影响最大的中译本。

作为马克思主义的经典著作，《共产党宣言》有着广泛的世界影响，不少外文书籍都有对其内容进行引用和分析。在美国人洛克斯和霍德合著的西方经济学名著《比较经济制度》中，为方便读者理解书中观点就附录了英文版《共产党宣言》。陈瘦石翻译后于 1943 年 9 月由商务印书馆出版，全书分两卷，附录中收入《共产党宣言》全文。

译者的目的只是将它作为研究马克思经济思想的参考资料，因此《比较经济制度》一书连同其附录《共产党宣言》才得以在国民党统治区合法出版，封底上印有"重庆市图书杂志审查处，

---

① 《毛泽东年谱（1893—1949）（修订本）》中卷，中央文献出版社 2013 年版，第 442 页。

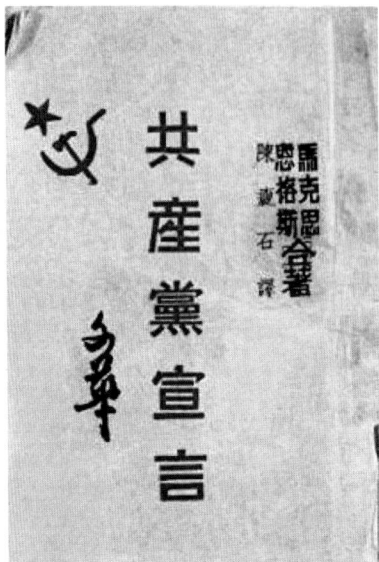

◎ 陈瘦石的《共产党宣言》中译本

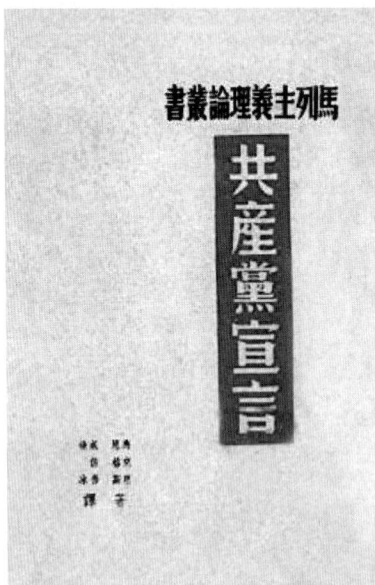

◎ 乔冠华的《共产党宣言》中文校译本

审查证世图字第 3400 号"。

陈瘦石译本的另一个版本是 64 开，竖排版，铅字印刷，纸质较差。封面中央是书名《共产党宣言》，左上部有红星，红星下边是中国共产党党徽，右边是"陈瘦石译"字样。该译本没有版权页，出版时间、地点都没有注明，人们对陈瘦石其人了解很少，所以对该版本的研究不多。

1948 年，为了纪念《共产党宣言》发表 100 周年，中国出版社在香港出版了乔冠华对成仿吾、徐冰校本的校译本。封面写的是"马克思恩格斯著""成仿吾徐冰译"，并没有署名校译者，只是在"校后记"中进行了简单说明。

陈家新先生曾把中国国家博物馆馆藏的乔冠华译本原件，与成、徐译本进行了细致对比，发现改动的地方多达105 处。虽然乔冠华是对成仿吾、徐冰译本的校订，但就其内容而言，无论是语词的尖锐化、用语的变更还是实质意义的修改，都具有较大的研究价值，从译者、依据的蓝本、内容改动三个方面来说，乔冠华的校译本显然可以称得上是一个新译本。

同样是为了纪念《共产党宣言》发表 100 周年，莫斯科外国文书籍出版局于 1948 年出版了封面上注明为"百周年纪念版"的《共产党宣言》汉译本。这个译本主要是谢唯真根据德文版，参考国内陈望道译本、成仿吾和徐冰译本、博古译本进行重新翻译的。

◎ 莫斯科外国文书籍出版局的《共产党宣言》中译本

这是当时最好的译本，主要体现在三个方面：一是它是从原版德文翻译的；二是它收齐了作者所写的全部 7 篇序言；三是其译文更加准确，更符合现代汉语规范，阅读起来更为流畅。

"一个幽灵，共产主义的幽灵，在欧洲游荡"，这是《共产党宣言》里的第一句话，中央编译局 2018 年译本。从陈望道的中文首译全本开始，不同译本对此有不同的译法：

有一个怪物，在欧洲徘徊着，这怪物就是共产主义。（陈望道译）

有一个怪物正在欧洲徘徊着——这怪物就是共产主义。（华岗译）

一个巨影在欧罗巴踯躅着——共产主义底巨影。（成仿吾、

徐冰译)

一个幽灵在欧罗巴蹀躞着——共产主义底幽灵。(博古译)

一个精灵正在欧洲作祟——共产主义的精灵。(陈瘦石译)

一个巨影在欧罗巴蹀躞着——共产主义底巨影。(乔冠华译)

一个怪影在欧洲游荡着——共产主义底怪影。(谢唯真译)

马克思、恩格斯撰写的《共产党宣言》，不仅对过去一个多世纪的人类社会发展进程产生了不可估量的影响，更是中国共产党人革命信仰的起点。尽管每个译本的译法不尽相同，但它们描述的是同一个梦想，对中国共产党的诞生、中国革命的胜利发挥了重要作用。

周恩来曾对《共产党宣言》中文全译本首译者陈望道说，当年长征的时候他就把《共产党宣言》当作"贴身伙伴"，如果能找到第一版本的《共产党宣言》，真想再看一遍。

刘少奇在回顾自己当时"考虑入不入党的问题"时说，那时他把《共产党宣言》看了又看，看了好几遍，从这本书中了解共产党是干什么的，是怎样的一个党，自己准不准备献身于这个党所从事的事业，经过一段时间的深思熟虑，最后决定参加共产

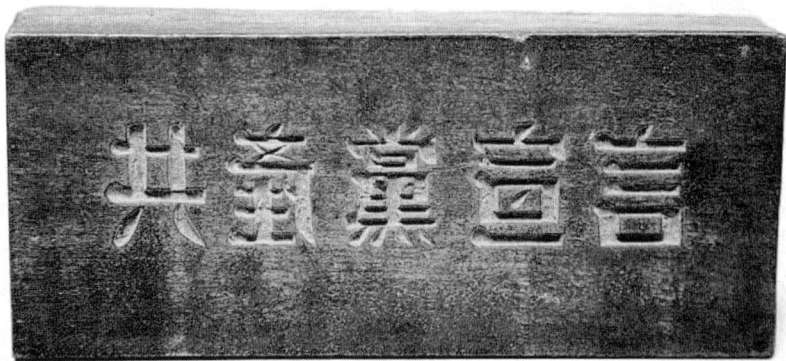

◎ 《共产党宣言》的书名木刻板

党，准备献身于党的事业。

邓小平也说过："我的入门老师是《共产党宣言》和《共产主义 ABC》。"①

从翻译片段到全文，从秘密出版到公开发行，从伪装本、手抄本到纪念版、珍藏版，《共产党宣言》在民主革命时期的不同中译本，不仅影响了孙中山、毛泽东、邓小平等历史伟人，更是见证了中华民族百年来的屈辱与奋起，以及中国共产党人坚持不懈追求真理的初心。

可以说，一本书影响了一群人。

正是这一群人，改变了中国的命运。

---

① 《改革开放三十年重要文献选编》（上），中央文献出版社 2008 年版，第640—641 页。

"一面公开树立起来的旗帜"

——《中国共产党第一个纲领》

历史，总是在偶然中，体现着某种必然。

随着马克思主义在中国的广泛传播并日益同工人运动相结合，建立一个以马克思主义理论为指导的工人阶级政党的任务被提上了日程。而酝酿筹建工作，首先是从陈独秀和李大钊开始的。他们逐步认识到，要用马克思主义改造中国，就必须建立一个无产阶级政党，使其充当革命的组织者和领导者。

1920 年 3 月，李大钊在北京大学组织成立马克思学说研究会。这既是中国最早的学习和研究马克思主义的团体，也为建党作了重要准备。4 月，俄共（布）代表维经斯基等来华。他们先后在北京、上海会见李大钊、陈独秀，讨论建立共产党的问题。

中国共产党的早期组织，是在中国工人阶级最密集的中心城市上海首先建立的。1920 年 5 月，陈独秀发起组织马克思主义研究会，探讨社会主义学说和中国社会改造问题。8 月，共产党早期组织在上海《新青年》编辑部成立，陈独秀任书记。在上海成立的共产党早期组织，实际上是中国共产党的发起组织，是各地共产主义者进行建党活动的联络中心。

10 月，李大钊等在北京成立共产党早期组织，当时称"共产党小组"。同年底决定成立共产党北京支部，李大钊为书记。

在上海及北京党组织的联络推动下，各地党的早期组织纷纷建立起来。1920年秋至1921年春，董必武、陈潭秋、包惠僧等在武汉，毛泽东、何叔衡等在长沙，王尽美、邓恩铭等在济南，谭平山、谭植棠等在广州，成立了共产党的早期组织。在日本、法国，成立了由留学生和华侨中先进分子组成的共产党的早期组织。

为了加强对华工作，有在殖民地国家工作经验的马林被共产国际执行委员会委任为驻华代表。1921年6月初，马林、尼科尔斯基到达上海，很快与李达和李汉俊等上海组负责人建立了工作联系，并确认在中国成立全国性的共产党组织的条件已成熟，提出召开全国代表大会的建议。

1921年7月23日晚8时，中共一大在上海法租界贝勒路树德里3号（后称望志路106号，现为兴业路76号）开幕，李达、李汉俊、董必武、陈潭秋、毛泽东、何叔衡、王尽美、邓恩铭、

◎ 中国共产党第一次全国代表大会会址和会场

张国焘、刘仁静、陈公博、周佛海、包惠僧共 13 个人，代表全国 50 多位早期共产主义者。参加会议的还有 2 位外国人，他们是共产国际代表，即荷兰人马林和俄国人尼克尔斯基。陈独秀和李大钊，这两位当时全国最著名的共产主义者因故没能来，但对于这一天，他们其实已经等了很久。

7 月 30 日的第 6 次会议原定是闭幕会，讨论通过包括党的第一个纲领在内的重要文件。一个可疑的中年男子装作走错门闯入会场，引起了共产国际代表马林的警觉，凭借丰富的地下斗争经验，他建议大家迅速撤离。在代表们散去十几分钟后，法国巡捕就上门搜查，却一无所获。由于法租界巡捕闯入和警察搜查的影响，会议无法在上海继续举行。权威著作《中国共产党历史》第一卷是这样表述的："由于代表们的活动已受到监视，会议无法继续在上海举行。于是，代表们分批转移到浙江嘉兴南湖，在一艘游船上召开了最后一天的会议。"

"最后一天"是哪一天？换而言之，《中国共产党第一个纲领》是什么时候在南湖游船上讨论通过的？从 7 月 31 日、8 月 1 日、8 月 2 日一直到 8 月 5 日，学界在"最后一天"的认定上一直存在着分歧。2018 年，中共嘉兴市委发布《中共一大嘉兴南湖会议研究》，确认代表们在南湖游船讨论通过《中国共产党第一个纲领》，也就是中共一大的闭幕时间应为 1921 年 8 月 3 日。这个结论基本是可信的，不妨复原一下当年的场景：

7 月 30 日晚，法租界巡捕侵扰中共一大会场后，代表们迅速分散各处，当天夜里决定暂时休会。王会悟，这位参与筹备一大的唯一女性，以她的细腻和敏锐承担起了会议的安保及后勤工作。

从 7 月 31 日到 8 月 1 日（当天嘉兴刮起巨风），代表们经过商议，作出到嘉兴南湖继续开会的决定。

8月1日晚，王会悟到上海北站购买了第二天到嘉兴的火车票。

8月2日一早，王会悟与几位代表先行出发，乘坐104次早班快车到达嘉兴，入住鸳湖旅馆，预订了第二天开会的船只和午餐。同日，张国焘在上海通知其余代表搭乘次日早班火车前往嘉兴。

8月3日上午10时13分，张国焘与其他代表乘坐104次早班快车到达嘉兴。王会悟接站后，带领大家前往离火车站不远的狮子汇，雇好的船已泊在湖边，代表们随即登船。会议于上午11时左右在游船上开始，当天下午6时左右结束。会后，大多数代表乘坐当晚8时15分的115次夜快车返回上海。

从目前掌握的材料看，共产国际代表马林和尼克尔斯基没有跟随代表们到嘉兴南湖，因为他们是外国人，容易引起密探的注意。李汉俊没有去南湖开会，他是中共一大会址（望志路106号）的房东，当时已处于法国巡捕的监视中，不便离开上海。何叔衡也没有去，他参加完前两天会议后，于7月25、26日休会期间动身回了湖南。陈公博是携新婚妻子来开会的，因所住的大东

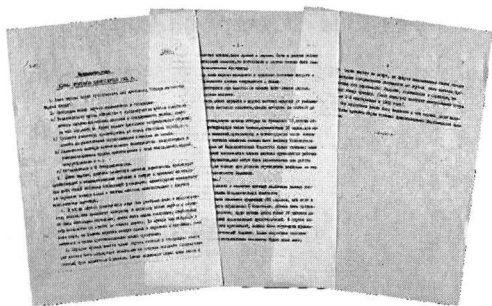

◎ 南湖红船和《中国共产党第一个纲领》俄文打印稿

旅馆在 7 月 30 日夜里发生凶杀案，便于次日离开上海前往杭州游玩。最终只有 10 名代表登上了这艘游船，他们分别是：李达、张国焘、刘仁静、毛泽东、董必武、陈潭秋、王尽美、邓恩铭、周佛海和包惠僧。

这 10 位代表在南湖游船上继续商讨 7 月 30 日未能完成的议题。经过 7 个小时的讨论，会议通过了《中国共产党第一个纲领》等有关文件，选举产生了中央局，宣告了中国共产党的正式成立。

在会议讨论通过的所有文件中，份量最重的无疑就是这份《中国共产党第一个纲领》了。如果说，嘉兴南湖会议标志着中国共产党这艘"红船"启航的话，那么，《中国共产党第一个纲领》的制定，则意味着中国共产党人革命旗帜的树立，以及初心和使命的提出。正如革命导师曾说过的：纲领是"一面公开树立起来的旗帜"[1]，"制定一个原则性纲领""这就是在全世界面前树立起一些可供人们用以判定党的运动水平的界碑。"[2]

南湖游船上通过的《中国共产党第一个纲领》的主要内容是：确定党的名称为"中国共产党"；规定党的奋斗目标是以无产阶级的革命军队推翻资产阶级，建立无产阶级专政，废除私有制，直至消灭阶级差别；确定党内实行民主集中制的组织原则，还规定了党的纪律。

今天，在中国国家博物馆"复兴之路"基本陈列的展厅里，对应着《中国共产党第一个纲领》中文说明牌的位置，摆放的是三张有些泛黄的俄文打印稿。许多参观者忍不住问，既然是中国

---

[1] 《马克思恩格斯选集》第 3 卷，人民出版社 2012 年版，第 350 页。
[2] 《马克思恩格斯选集》第三十四卷，人民出版社 1972 年版，第 130 页。

共产党的重要文件，为什么用的是俄文呢？这是因为中共一大召开时，党还处于秘密状态，因此中共一大纲领和会议形成的原始文件没能保存下来。档案的遗失，使得中共一大的历史一度成谜，甚至许多当年的代表都无法清楚地回忆起来。这些重要档案到底在哪里？一直到 1956 年年底才出现了转机。

1956 年 12 月，苏共中央把原中共驻共产国际代表团的档案移交给中共中央，其中就有俄文版的《中国共产党第一个纲领》。这份俄文档案是什么时间由中文译成俄文的，又是由谁在什么时间带到共产国际的，目前无从考证。董必武在 1959 年 9 月 5 日的鉴定意见中说："我看了你们送来的《党史资料汇报》第六号、第十号所载：'中国共产党第一次代表大会'、'中国共产党第一个决议'及'中国共产党第一个纲领'，这三个文件虽然是由俄文翻译出来的，在未发现中文文字记载以前，我认为是比较可靠

◎《中国共产党第一个纲领》（英文版）

的材料"①。1960年，美国学者韦慕廷在哥伦比亚大学图书馆发现了陈公博的硕士论文《共产主义运动在中国》。在论文附录中，出现《中国共产党第一个纲领》（英文版）。经对照，纲领英文版与俄文版内容基本相同，仅具体文字稍有出入。

经对照，《中国共产党第一个纲领》英文版与俄文版的内容均为15条；其中第10条内容后，均缺少第11条的序号和内容。两种文本在第11条都有注。俄文版第11条注："遗漏。"英文版注："陈的稿本上没有第11条，可能是他在打次页时遗漏了，也可能是由于他把第10条以后的号码排错了。"第11条被"遗漏"或被抹去的内容会是什么呢？目前还无定论。

在中国共产党的党章发展史上，中共一大纲领是一个良好的开端，为后来党章的制定和完善奠定了基础。《中国共产党第一个纲领》的第一条明确规定："我们的党定名为'中国共产党'。"党的名称的确定不是偶然的，是我们党坚持马克思主义建党原则的必然结果，实际上表明了中国共产党是无产阶级政党的性质。

在组织原则方面，《中国共产党第一个纲领》规定"本党采用苏维埃的形式"，也就是实行代表会议或代表大会制度，明确规定了党的各级领导机构采取委员会制度，规定了各级党组织的机构和制度，体现了下级服从上级、个人服从组织的精神和原则。

对于党员入党的条件和手续，《中国共产党第一个纲领》这样规定："凡承认本党纲领和政策，并愿成为忠实党员的人，经

---

① 《中国共产党第一次代表大会档案资料》增订本，人民出版社1984年版，第117页。

党员一人介绍，不分性别、不分国籍，均可接收为党员，成为我们的同志。但在加入我们队伍之前，必须与企图反对本党纲领的党派和集团断绝一切联系。""候补党员必须接受其所在地的委员会的考察，考察期限至少为两个月。考察期满后，经多数党员同意，始得被接受入党，如该地区设有执行委员会，应经执行委员会批准。"①

虽然不是党的正式党章，但《中国共产党第一个纲领》已经包含了党章的内容，具有了党章的初步体例，实际上起到了党章的作用。它以明确的语言，体现了中国共产党从建党伊始就坚持马克思列宁主义建党学说的重要思想和原则，旗帜鲜明地把社会主义和共产主义规定为自己的奋斗目标，并且坚持用革命的手段来实现这个目标，从而同崇拜资产阶级民主制度、主张走议会道路的第二国际社会民主主义划清了原则界限。

党的第一次全国代表大会正式宣告了中国共产党的诞生，从此，在中国出现了一个完全崭新的，以马克思列宁主义为其行动指南的、统一的无产阶级革命政党。年轻的中国共产党一经成立，就把马克思列宁主义确立为指导思想，写在了自己的旗帜之上。因为，"主义譬如一面旗子，旗子立起了，大家才有所指望，才知所趋赴"②。

在通过了《中国共产党第一个纲领》等文件后，中共一大在嘉兴南湖的游船上悄然落幕，一个新的革命火种在沉沉黑夜的中国大地上点燃起来。而南湖上的这艘"红船"，作为中国共产党

---

① 《中国共产党第一个纲领》，中央档案馆编：《中共中央文件选集》第1册，中共中央党校出版社1989年版，第3—4页。

② 《毛泽东年谱（1893—1949）（修订本）》上册，中央文献出版社2013年版，第70页。

创建的标志而载入史册。它承载着中国共产党人的初心和使命，代表和昭示了开天辟地、敢为人先的首创精神，坚定理想、百折不挠的奋斗精神，立党为公、忠诚为民的奉献精神，是中国革命精神之源。

"烟雨楼台革命萌生此间曾著星星火，风云世界逢春蛰起到处皆闻殷殷雷。"董必武为中共一大南湖会址题写的这副对联，生动地诠释了"红船"启航的历史意义。正如毛泽东后来指出的，"既要革命，就要有一个革命党。没有一个革命的党，没有一个按照马克思列宁主义的革命理论和革命风格建立起来的革命党，就不可能领导工人阶级和广大人民群众战胜帝国主义及其走狗。……中国共产党就是依照苏联共产党的榜样建立起来和发展起来的一个党。自从有了中国共产党，中国革命的面目就焕然一新了。这个事实难道还不明显吗？"[1]

---

[1] 《毛泽东选集》第四卷，人民出版社 1991 年版，第 1357 页。

"从此天涯寻正道"

——朱德早期革命思想的转变

"我曾参加推翻封建社会的斗争，也曾经为走向没有剥削、没有压迫的社会而努力。……我也曾经碰壁，也曾经碰破头，也曾经找不到一条正确的道路。后来，经过了许多艰难困苦，我终于找到了一条道路，只有这一条唯一的道路，才能使中国走到真正的民主共和国，才能最后实现没有剥削、没有压迫的社会。同志们！这条道路就是马克思列宁主义的道路。"①

朱德的这段自述真实地讲述了他早期革命思想的转变，概括了他从一个爱国主义者向马克思主义者转变的历程。

朱德的人生履历丰富，其时代色彩颇为浓郁。1886年

◎　朱德

————————

① 《朱总司令在五四寿诞庆祝大会上的讲演》，《前线》第11期，1940年1月1日。

12月1日，他出生在四川省仪陇县贫苦佃农家庭。早在青年时期，就表达了"祖国安危人有责，冲天壮志付飞鹏"的远大志向，为以后走上革命道路奠定了初步的思想基础。而母亲的言传身教，对他的影响很大。正如他在回忆录中所说，"母亲沉痛的三言两语的诉说以及我亲眼见到的许多不平事实，启发了我幼年时期反抗压迫追求光明的思想。"①

早年受孙中山民主革命思想的影响，朱德于1909年在云南陆军讲武堂参加了同盟会，成为其早期民主革命道路的起点。在同盟会组织的活动中，他阅读了大量介绍国内外新闻和新思想、新思潮的书报杂志，以及许多关于社会意识形态和政治改革方面的书籍。正如朱德自己所说："我一心一意地投入了讲武堂的工作和生活，从来没有这样拼命干过，我知道我终于踏上可以拯救中国于水火的道路。"②

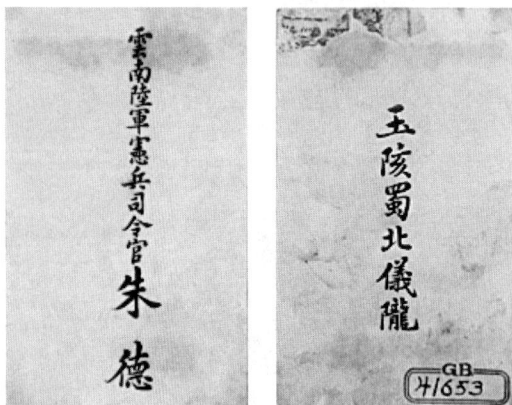

◎　朱德担任云南陆军宪兵司令时的名片

讲武堂毕业后，他被派到蔡锷部当基层军官。辛亥革命爆发后，参加响应武昌起义的云南起义，以及护国讨袁战争和护法战争。由于英勇善战、战功卓著，1917年7月，朱德任滇军旅长，在四川参加反对北洋军阀段祺瑞的护法战争。1921年春，担任云南陆军宪兵司令部司令官，云南省警务

---

①　中共中央文献编辑委员会：《朱德选集》，人民出版社1983年版，第112页。

②　朱敏：《我的父亲朱德》，辽宁出版社1996年版，第53页。

处长兼省会警察厅长等职。

然而，在中国社会转型所必需的经济、意识形态的变革尚未彻底完成之前，当满清政权一旦瓦解，其权力自然落于大小官僚和军事强人之手，这也就注定了民主革命的结果与朱德等人的革命初衷相悖。当袁世凯接受日本的"二十一条"时，朱德痛心疾首地写下了"言犹在耳成虚誓，老不悲秋亦厚颜"的诗句[①]。

目睹辛亥革命后内战频仍、民不聊生的惨状，朱德陷入了困惑和苦闷之中。孙中山的这本《建国方略》，便成了他随身携带、用以解惑之物，封面上有朱德自己的签名。历史学者杨奎松曾感慨地说，"孙中山早年一直被称为'孙大炮'，以当年人们的眼光，孙中山的许多言论设想确有其不可想象之处。然而，站在当今中国发展的水平上，再来看孙中山当年的那些'大炮'，尤其是概括了孙中山对未来中国建设理想设计的这部《建国方略》，我们或许应该为孙中山的诸多远见而叹服。"

当时，为孙中山的思想和远见而叹服的还有很多人，其中就包括朱德。

朱德从民主主义者转向共产主义者，是在特定的历史条件下实现的。其中，1919年的五四运动，对他的思想影响很大，而孙炳文则在一定程度

◎ 朱德签名保存的孙中山著《建国方略》

---

① 中央文献研究室编：《朱德诗词集》，中央文献出版社2003年版，第44页。

上帮助朱德在思想上实现了转变。

五四运动的浪潮把大量传播新思想、新文化的书刊带进泸州。从这些书刊中，朱德接触到马克思主义、无政府主义等各种思潮，这大大开阔了眼界。五四运动之后，朱德在政治上表现出一个分裂的人格："外表上是卷入军阀混战的一员，但内心总认为自己是五四运动的追随者，在家里的学习小组上继续讨论新思想。"①

孙炳文比朱德年长一岁，曾就读于京师大学堂，因思想进步投身革命而被校方开除。他向朱德讲述新文化、新思想的兴起，分析局势，痛斥时弊。尤其是给朱德介绍大量的进步书刊，如《新潮》《新青年》《向导》《每周评论》等。革命道路问题是朱德经常关注的中心问题，他开始感到以往的革命之所以最终没有取得成功，"一定是在某个根本性的问题上出了毛病"②。

朱德深深地感觉到借助军阀的力量是根本无法改变中国的现状的，亟须一种更强大的力量，一种能让人坚定不移的信仰来拯救中国。1922 年 5 月，朱德抛弃高官厚禄，去寻找新的革命道路。7 月，他在北京从孙炳文那里知道中国共产党于一年前成立的消息，并初步了解党的纲领和任务。朱德从亲身经历中逐渐认定，只有这个党才能给苦难深重的中国指明出路。他决心找到这个党，并成为其中一员。

不久，朱德在上海拜诣了孙中山——他曾经为之奋斗了多年的革命领袖。朱德回忆说："第二次到上海曾经遇见到孙中山、胡汉民、汪精卫。我对于孙先生的印象很好。他那时叫我回到广

---

① ［美］艾格妮丝·史沫特莱：《伟大的道路：朱德的生平和时代》，东方出版社 2005 年版，第 154 页。

② ［美］艾格妮丝·史沫特莱：《伟大的道路：朱德的生平和时代》，东方出版社 2005 年版，第 154 页。

西的军队里去。我说要出国，他叫我去美国——这当然是他资本主义的思想的关系。他说美国是新的国家，我却坚持要去德国，看欧洲的情形，还有那时我已认清学习马克思主义是我唯一的出路了。我们聚首谈了几个钟点。那时，正是孙中山刚在广东被陈炯明赶出来"。

朱德婉拒了孙中山要他回滇军的要求，表示已决心出国学习。

8月中旬，朱德与孙炳文在上海闸北见到了陈独秀。朱德坦诚地讲述了自己的经历，殷切地向陈独秀提出加入中国共产党的申请。陈独秀没有同意朱德的入党请求，而是以其曾在旧军队中担任高官为由婉拒。后来回忆这次会面的情况时，朱德说："我感到绝望、混乱。我的一只脚还站在旧秩序中，另一只脚却不能在新秩序中找到立足之地。"

9月初，36岁的朱德和37岁的孙炳文登上邮轮，经过40多天的航行到达法国。在巴黎停留期间，他们两人听说中国留法学生中已建立中国共产党的旅法组织，马上就登上了驶往德国的火车。

10月22日，二人到达柏林。见到周恩来之后，朱德端端正正地站在这个比他年轻十岁的青年面前，用平稳的语调，说明自己的身份和经历：他怎样逃出云南，怎样会见孙中山，怎样在上海被陈独秀拒绝，怎样为了寻求自己的新的生活方式和中国的新的道路而来到欧洲。

经过几番求索，经历许多挫折，朱德终于实现了自己梦寐以求的愿望。11月，经中共旅欧组织负责人张申府、周恩来介绍，朱德在柏林加入了中国共产党，实现了他渴望已久的愿望。从此，他认定了"党就是生命，一切依附于党"。在德国近三年的

◎ 1923 年 5 月，朱德在哥廷根大学入学时填写的"大学录取登记卡"

生活中，朱德阅读了大量马克思主义著作，并且通过革命实践，在思想上发生了根本的转变，最终由一个旧民主主义者转变为一个共产主义者。

1923 年 5 月 4 日，朱德抵达哥廷根，开始求学生活，刚到时住在文德·朗特路 88 号，后迁至普朗克街 3 号。如今，在当时朱德居住过的地方，还可以看到一座红砖砌成的德国老式楼房，墙上嵌有一块精致的大理石纪念牌匾，上面用德语镌刻着"朱德，中华人民共和国元帅"等字样。

从忧国忧民到救国救民，爱国主义的思想贯穿于朱德革命道路的始终，他自觉地把个人前途注入到人民和国家的命运之中，并从中获得了执着地追求真理的坚定信念和动力。正因如此，朱德才能在旧民主主义革命失败并宣告破产后，继续探索，最终找到了马克思主义。

"从前是牛马，现在要做人！"

——党领导下的安源路矿工人俱乐部

安源路矿是萍乡煤矿和株萍铁路的合称，路矿两局共有工人一万多人。由于工人众多并富于反抗斗争的传统，安源路矿成为中国共产党成立之初开展工人运动的重点区域。

1921 年 7 月下旬，中国共产党的第一次全国代表大会召开。它所通过的第一个决议中明确提出："本党的基本任务是成立产业工会。"针对当时工人阶级文化水平普遍偏低的情况，想要成立工会，首要之务便是提高工人群众的阶级意识和思想觉悟。为此，该决议特别设立了"工人学校"一章，通过开办工人学校，把工人群众发动和组织起来，进而实现组建工会的目的①。

为贯彻执行中共一大的决议，1921 年秋，毛泽东以中国劳动组合书记部湖南分部主任的名义，第一次来到安源进行考察。他身穿一件旧蓝布衣衫，背着一把雨伞，风尘仆仆步行到安源，住八方井 44 号。

总平巷，建于安源煤矿开矿初期，是安源煤矿的主井口，矿工由此出入矿井，煤炭也由此运出。总平巷口有一个醒目的标

---

① 《中国共产党第一个决议（一九二一年七月）》，《建党以来重要文献选编》第一册，中央文献出版社 2011 年版，第 5 页。

◎ 建于安源煤矿开矿初期的总平巷，是开展工人罢工斗争的重要场所

志——一把斧头与一把铁锤相交，斧头代表井下工人，铁锤代表机械工人。总平巷是开展工人罢工斗争的重要场所，毛泽东、李立三、刘少奇等先后从这里下矿井考察。通过深入考察路矿，毛泽东提议以解除工人所受压迫与痛苦为宗旨，将路矿工人组成一个团体，起名为"安源路矿工人俱乐部"。

12月间，毛泽东偕同李立三再次来安源考察。当时安源路矿工人的生活处境十分艰难，其中不识字者占总数的三分之一还多。经过调查研究，毛泽东决定由李立三具体负责安源工人运动的开展，并指示要采取合法途径，接近工人，教育工人，以达到组织工人成立工人团体的目的。

按照毛泽东"利用一切合法的可能争取公开活动以便与工人群众接近"的指示，李立三通过湖南省平民教育促进会的介绍，以办平民教育的名义来到安源，租下萍乡市安源区一幢砖木结构的二层楼房，办起平民小学，免费招收工人子弟入学。然后，又以访问学生家长的名义，广泛接触工人，了解工人工作、生活、家庭等各方面的情况。

1922 年 1 月，经过一段时间的实践考察和认真的筹备，李立三等人在安源五福巷创办第一所路矿工人补习学校。学校采用灵活而有效的办学方式，白天为工人子弟的小学生上课，晚上为下班工人上课。学校先采用粤汉铁路工人学校的讲义，后来自己编写教材。他们既讲授粗浅的自然科学知识和人文基本知识，又结合工人的日常生活，还讲一点马列主义基本知识，使工人逐渐理解"工人在世界上之地位及有联合起来组织团体与资本家奋斗以减少痛苦解除压迫之必要与可能"。

这张残破不堪的课桌就曾经静静地安放在工人补习夜校的教

◎　工人补习夜校的桌椅

◎　安源路矿工人俱乐部筹备委员会成员合影

室里，默默地见证了安源工人运动时期红色教育的成长历程。

在教学中，李立三还采用各种文艺方式对工人进行革命教育，他用旧谱添新词的方法创作了《工农联盟歌》。此外，学校还设有阅报室，"备置各种日报和工人刊物——《工人周报》《劳动周刊》……以供工友工余之暇阅览，每夜持报诵阅者，煞是热闹，他们极好问，有疑惑处辄详询各教员"。学校的开办，大大提高了安源工人的思想觉悟和文化水准，及时发现和培养了工人中的先进分子，为迅速建立党、团、工会组织做好了思想上和干部上的准备。

1922年3月16日，工人俱乐部第一次筹备会议召开，选出筹备主任，决定加紧发展部员。会后，在李立三、朱少连的提议下，大家齐聚火车头上，留下了这张弥足珍贵的合影。其中，右起第五人为李立三，第十人为朱少连。4月16日，俱乐部第三次筹备会议决定工人学校归属俱乐部，并更名为"安源路矿工人俱乐部工人补习学校即国民学校"。

◎ 安源路矿工人俱乐部发给邓长富的部员证

5月1日，安源路矿工人俱乐部举行部员大会，纪念五一国际劳动节，并向社会各界郑重宣告俱乐部正式成立。下午一时，部员400余人纷纷到会。首先由筹备主任报告俱乐部筹备经过，公布选出的部员名单。然后由干事会主任李立三宣读俱乐部总章和部员公约，当即获得全体部员通过。接着由部员轮流演说。下午三点多游行开始，部员们激情满怀地冒雨缓步行进，一路高呼"纪念五一劳动节""全世界无产阶级联合起来""工人俱乐部万岁"等口号，沿途散发传单千余份。"返部时，已近六时，各部员衣履尽湿，精神更加焕发，大呼俱乐部万岁者三，始行散会。"

俱乐部的成立，标志着以党支部为领导核心、以青年团为党的助手、以工人俱乐部为公开组织形式的安源工人阶级队伍初步形成。

安源路矿工人俱乐部的"部员证"，无疑是这段历史的见证。部员证长10厘米、宽6厘米，磨损很多，硬浅黄色纸板有白色斑点，保存完整。下面文字为"安源路矿工人俱乐部部员证"，背面上方为由"岩尖、铁锤、车轮组成的部徽"图案，下方为"团结起来!!!"四个字，均为石印而成。

1922 年秋，路矿两局拖欠工人工资，并阴谋解散工人俱乐部，引起工人强烈不满。9 月初，毛泽东来到安源，经过调查研究，认为罢工时机已经成熟。为加强对罢工斗争的领导，他派刘少奇到安源。

9 月 14 日凌晨，在中国共产党的领导下，1 万多工人冲出矿井、厂房举行大罢工。工人罢工开始后，总平巷井口的监守人员将写有"罢工"二字的大白旗竖于井口上方，堵塞井口，仅留一出口让井下工人出班，不准任何人下井。14 日午前，除锅炉房、发电机、打风机和抽水机按原定部署继续开工或部分开工外，路矿两局全体一万三千余工人大罢工全面实现。

路矿当局竭力破坏罢工，先是设法收买工人，此计不行，又勾结军阀，想用武力镇压，也未能得逞。9 月 16 日，路矿当局要求工人俱乐部派一名代表到公务总汇谈判，刘少奇作为代表只身赴会。谈判室内，一张长桌，五人早已坐定，刘少奇对面坐着的是戒严司令、赣军旅长李鸿程、矿长李寿铨、副矿长舒修泰、总监工王鸿卿和安源商会的代表。面对路矿当局试图以武力逼迫工人复工的阴谋，刘少奇沉着应对。而楼外，数千工人将公务总汇团团包围，向路矿当局展示了工人的强大力量，使之再不敢有丝毫妄动。9 月 18 日，路矿当

◎ 罢工胜利后，安源路矿工人俱乐部宣布增加工人工资的通告

局被迫接受工人提出的条件，达成增加工人工资、改善工人福利、承认俱乐部有代表工人的权利等十三项协议。

"从前是牛马，现在要做人！"

这是安源路矿工人大罢工过程中提出的一个旗帜鲜明的口号，集中反映当时中国工人阶级悲惨的生活境遇，表达他们要求做"人"、做"主人"的强烈愿望，从而赢得社会各界的同情与支持。这一口号也成为这一时期中国工人运动的标志性口号。

对于安源路矿工人罢工及其胜利，刘少奇、朱少连在1923年8月合著的《安源路矿工人俱乐部略史》曾作如下评述："这一次大罢工，共计罢工5日，秩序极好，组织极严，工友很能服从命令。俱乐部共费计一百二十余元，未伤一人，未败一事，而得到完全胜利，这实在是幼稚的中国劳动运动中绝无而仅有的事。"

罢工取得胜利，使工人深切认识到团结奋斗的重要，极大地提高了工人们的阶级觉悟和组织性。罢工胜利后不久，工人俱乐部的成员就由罢工前的700多人猛增到1.2万多人。路矿全体工人团结起来，形成了以中共党组织为领导核心、以工人俱乐部为公开组织形式的阶级队伍。

作为中共早期最为成功的地方产业工会之一，安源工人俱乐部既注重体现人民当家作主要求又注重遵循民主集中制原则。机构设置及功能职能等均较完善齐全，除下设有"教育股、互济股、会计股、文书股、庶务股、讲演股、游艺股、交际股"等八股（后改为委员会），每股各设股长一人，负责各自机构工作外，还设有工人纠察队、故工抚恤委员会、出产整理委员会、经济审查委员会、裁判委员会、青年部、儿童团、妇女职业部等其他机构。

其中教育股的工作成效最大，明确提出了"将沦入污流的儿童们，在学校里求学，个个得受将来做共产世界的主人翁的基础教育。工友们底知识渐的增进了，个个肩上改造社会的担子，负着创造将来人类文化的使命"的教育目标。同时对教育的重要性的认识也达到了一个新水平，认为"欲工人团体永久的坚强，亦惟有工人教育是赖"。

肖劲光回忆说："安源的工人运动在刘少奇同志的领导下，搞得有声有色，形势很好，成为全国工人运动的中心之一，有'小莫斯科'之称。那时少奇同志的工作很忙，经常代表工人与安源矿务局的资本家打交道，处理工人与资本家、工头发生的纠纷。他经常和我们一起下矿井，关心工人群众的疾苦，帮助他们解决实际困难，深受工人群众的爱戴，工人们亲切地喊他'工人代表'。"①

良好的组织形态、工作样态及丰富的运作经验，尤其是毛泽东、刘少奇、李立三等人的亲自领导，以及在产业特征、人员结构及地缘位置上诸多独特优势，安源路矿工人俱乐部成为中共早期地方产业工会的成功典范。

---

① 《肖劲光回忆录》，解放军出版社 1987 年版，第 35 页。

"欲以党治国，当效法俄人"

——孙中山主持召开的国民党一大

俄国十月革命胜利之后，孙中山十分赞赏苏俄政府执行革命外交政策，特别是宣布放弃在中国的一切特权。1920 年秋，孙中山在上海会见了共产国际远东局代表维经斯基，直接了解了列宁和苏俄政府对中国革命的态度。

为促进国共两党合作，共产国际做了大量的工作。中共一大以后，共产国际代表马林在张太雷的陪同下，在桂林同孙中山进行了几次会谈。1922 年 6 月陈炯明的叛变，使孙中山的革命事业遭到了严重的挫折。在共产国际与中国共产党人真诚的帮助下，孙中山决定重整党务、改组中国国民党。他认为，历次革命的失败，皆由于党的组织不严密，根基不稳固所致，非从根本上改组党的组织不可。

孙中山领导的中国国民党当时的力量并不强大，且成分复杂，严重地脱离群众，但它有几个不容忽视的优点：第一，这个党在中国社会中有一定的威望。它的前身同盟会领导过辛亥革命，它的领袖孙中山在极端困难的条件下一直坚持反对外国侵略和本国军阀势力，在人们心目中是革命的象征。第二，这个党在广东有一块根据地，允许革命力量公开活动，可以合法地开展工农运动。第三，这个党有一批忠于民族民主革命的人士愿意和共产党合作，如孙中山、廖仲恺、宋庆龄、邓演达、何香凝、柳亚子等。通过他们，还可以团结一大批中间分子。

1923 年 1 月，联共（布）中央政治局决议，采纳越飞关于全力支持国民党的建议。此后，越飞前往上海与孙中山进行正式谈判。双方达成一项重要协议，此即有名的《孙文越飞联合宣言》。孙中山同意维持中东路现状和苏军暂时驻扎外蒙古，越飞则承诺孙中山"可以俄国援助为依赖"，并保证"共产组织，甚至苏维埃制度，事实上均不能引用于中国"①。

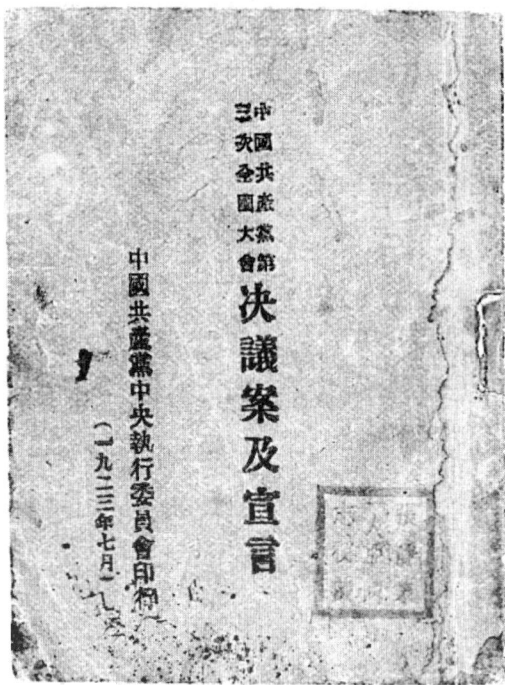

◎ 张静泉（人亚）收藏的中共三大决议案及宣言

为了适应新形势下革命斗争的需要，6 月 12 日至 20 日，中国共产党在广州举行第三次全国代表大会，中心议题是全体共产党员加入中国国民党。共产国际代表马林出席了这次大会。虽然代表们一度发生严重的意见分歧，但最后还是接受了共产国际关于国共合作的指示。大会通过《关于国民运动及国民党问题的决议案》《中国共产党第三次全国大会宣言》等文件。

共产党员通过以个人身份加入国民党来实现国共合作，

---

① 《孙文越飞联合宣言》（1923 年 1 月 26 日），见《孙中山全集》第七卷，中华书局 1985 年版，第 51—52 页。

◎ 国民党第一次全国代表大会会场

是当时能够为孙中山和国民党所接受的唯一合作方式。党的三大最终作出这一决策，除了服从共产国际指示的因素外，也是对中国国情和革命性质有了进一步认识的结果。

10月6日，苏联顾问鲍罗廷到达广州后，向孙中山提出了五条关于改组国民党的建议：一、在国民党改组前修改党纲，并在人民群众中广泛宣传党纲，力求取得必须按照党纲改组党的一致意见；二、重新制定国民党党章；三、在广州和上海组织党的坚强团结的核心，然后在全国建立国民党的地方组织；四、尽快地召开即便只有南方四省代表参加的党的全国代表大会，以便讨论和通过党纲党章，选举新的执行委员；五、在召集全国代表大会时，必须使每一个代表懂得，他今后做的事情是什么，怎样按新的方式建立基层组织。

10月16日，孙中山在广州大元帅府召集国民党党务讨论会，在演说中指出，"今后欲以党治国，当效法俄人"。

经过长时间的筹备，在共产国际、中国共产党的积极支持和帮助下，1924年1月20日上午，中国国民党第一次全国代表大会在广州市广东高等师范礼堂隆重开幕。孙中山以中国国民党总理的身份担任大会主席，主持会议，在致开幕词中指出："今天在此开中国国民党全国大会，这是本党自有民国以来的第一次，也是自有革命党以来的第一次！"接着，他说："此次国民党改组，有两件事：第一件是改组国民党，要把国民党再来组织成一个有力量有具体［政纲］的政党，第二件就是用政党的力量去改造国家。所以这次国民党改组，第一件是改组国民党的问题，第二件是改造国家的问题。"①

孙中山讲话完毕之后，大会通过议案，确定大会主席团由孙中山指定的胡汉民、汪精卫、林森、谢持、李大钊组成，并通过《中国国民党代表大会会议规则》和《中国国民党代表大会秘书处组织规则》。

当时，中国国民党在全国各地并没有健全的地方组织，就连广州市的国民党组织也不够完备。因此，大会代表的产生方式是多种多样的：有的是孙中山直接指派；有的是由共产党提名，孙中山批准。有的是由几个老国民党员联合提名，孙中山同意；有的是由各省党员分别推选。在出席中国国民党第一次全国代表大会的代表中，有23名中国共产党员。他们当中，陈独秀、李大钊、谭平山、于树德、李永声、沈定一、谢晋由孙中山指定，林伯渠、毛泽东、李维汉、夏曦、袁达时、张国焘、

---

① 《中国国民党第一次全国代表大会会议记录》第1号，广州1924年印本，第4页。

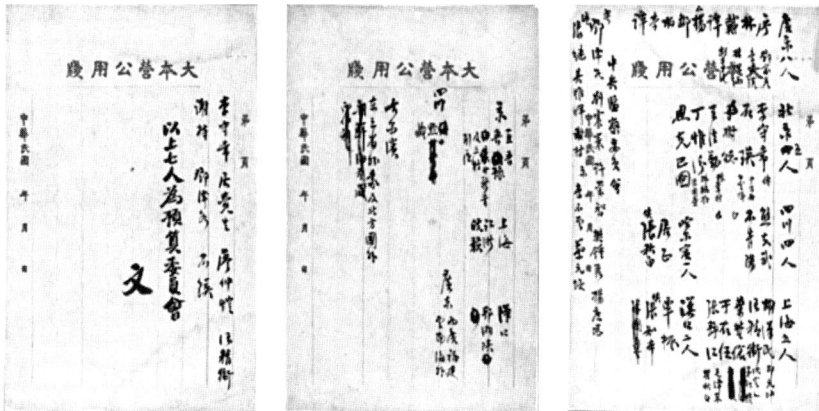

◎ 孙中山亲批的中国国民党一大各委员名单

胡公冕、宣中华、廖乾五、朱季恂、韩麟符、于方舟、王尽美、刘芬、李立三、陈镜湖分别由各省市选出。中共党员约占代表总数的 11%。

在这次代表大会上，李大钊、毛泽东、谭平山等中共党员起了重要作用。孙中山亲自提名李大钊为大会主席团成员，同时李大钊还兼任国民党宣言审查委员会委员、章程审查委员会委员、宣传审查委员会委员。参加大会各项组织领导工作的中共党员还有：毛泽东任章程审查委员会委员，谭平山任党务审查委员会委员，于树德任宣言审查委员会委员。

1月20日下午，孙中山作关于《中国之现状及国民党改组问题》的报告。大会秘书长刘芷芬宣读完《中国国民党宣言案》(即《中国国民党第一次全国代表大会宣言》草案) 之后，孙中山接着说："这个宣言，系此次大会之精神生命。此宣言发表后，应大家同负责任。诸君系本党各省代表，宣言通过后，须要负责回各省报告宣传。此宣言将国民党之精神、主义、政纲完全发表，并应使之实现。此宣言即可管束吾人之一切举动，故须详细审慎

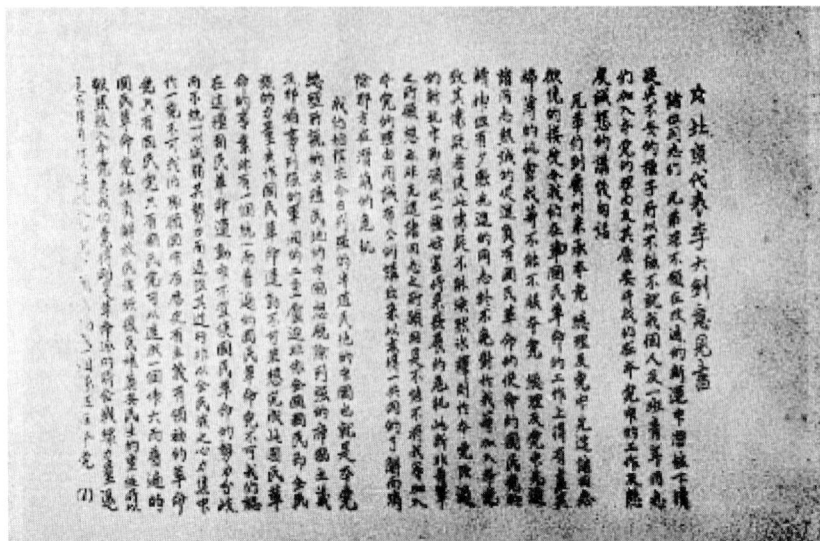

◎ 《北京代表李大钊意见书》

研究。"①

　　国民党是一个多阶级的政党，成员十分复杂，对待国共合作的态度迥然不同。在代表大会召开的第一天，江苏代表茅祖权就说，如果共产党人接受我们的纲领，就应该放弃自己的纲领，解放自己的政党。24 日晚，在国民党章程审查委员会会议上，上海代表何世桢再次提出：任何其他政党的党员，不得成为国民党党员。

　　面对严峻的局面，参加国民党一大的中共党员与共产国际代表鲍罗廷等人，于 1 月 25 日召开中共党团会议，客观分析形势，商量好相应的对策。

　　1 月 28 日上午，汪精卫代表中国国民党章程审查委员会作

---

　　① 　孙中山：《中国之现状及国民党改组问题之演述》，刘芷芬编：《孙总理在中国国民党第一次全国代表大会演说词》，大会秘书处 1924 年 2 日印本，第 11 页。

关于中国国民党章程案的审查报告。在讨论过程中，国民党右派分子方瑞麟提出"本党党员，不得加入他党，应有明文规定，主张在第一章第二条之后，增加一条文为'本党党员不得加入他党'"。他的意见得到了少数代表的支持。

对此，李大钊根据中共党团会议的决定，发表严肃的声明，这就是由他亲自起草的《北京代表李大钊意见书》。"我等之加入本党，是为有所贡献于本党，以贡献于国民革命的事业而来的，断乎不是为取巧讨便宜，借国民党的名义作共产党的运动而来的。"接着，李大钊郑重指出："我们留在本党一日，即当执行本党的政纲，遵守本党的章程及纪律；倘有不遵本党政纲、不守本党纪律者，理宜受本党的惩戒。"

经过中国共产党人和廖仲恺、汪精卫等国民党左派人士的努力，右派阻止共产党员加入国民党、破坏国共合作的阴谋被粉碎。

1月28日下午，国民党一大通过了《中国国民党总章》，为中共党员、工农大众和其他革命分子加入国民党，把国民党改组成为工人、农民、小资产阶级和民族资产阶级的革命联盟提供了组织保证。

通过对这本《中国国民党总章》进行考察，可以看出其蓝本是1919年12月的《俄国共产党（布尔什维克）章程》。自担任国民党组织教练员之

◎《中国国民党总章》

131

后，鲍罗廷极力向国民党人宣传只靠干部不靠党员的弊端，强调建立基层组织的重要性。俄共（布）党章规定"党支部是党组织的基础"，国民党仿照设立"区分部"，规定"区分部为本党基本组织"。可以说，改组重点放在基层，是孙中山"以俄为师"的重心所在。

1月30日上午，大会选举胡汉民、汪精卫、张静江、廖仲恺、李烈钧、居正、戴季陶、林森、柏文蔚、丁惟汾、石瑛、邹鲁、谭延闿、覃振、谭平山、石青阳、熊克武、李大钊、恩克巴图、王法勤、于右任、杨希闵、叶楚伧、于树德等24人为中央执行委员会委员；邵元冲、邓家彦、沈定一、林伯渠、茅祖权、李宗黄、白云梯、张知本、彭素民、毛泽东、傅汝霖、于方舟、张苇村、瞿秋白、张秋白、韩麟符、张国焘等17人为中央候补执行委员。选举中央监察委员5名：邓泽如、吴稚晖、李石曾、张继、谢持；候补中央监察委员5名：蔡元培、许崇智、刘震寰、樊钟秀、杨庶堪。

1月30日下午，孙中山致闭幕词指出：这次大会，"是重新来研究国家的现状，重新来解释三民主义，重新来改组国民党的全体。从此以后，大家分散到各地方，便要希望一致奋斗"。

1月31日，孙中山主持召开国民党一届一中全会，推定廖仲恺、戴季陶、谭平山为中央执行委员会常务委员，处理日常事务。中央党部设在广州，其组织机构及人选为：

秘书处；

组织部，部长谭平山，秘书杨匏安；

宣传部，部长戴季陶（暂由彭素民代理），秘书刘芦隐；

工人部，部长廖仲恺，秘书冯菊坡；

农民部，部长林伯渠，秘书彭湃；

青年部，部长邹鲁，秘书孙甄陶；

妇女部，部长曾醒，秘书唐允恭；

军事部，部长许崇智；

调查部，部长未定。

不久又增设海外部，部长林森。

国民党第一次全国代表大会完成了两件大事，一是国民党自身"改组"，二是国共两党开始"合作"，标志着第一次国共合作的正式形成，以国共合作为基础的民族民主革命统一战线的建立。以此为契机，国共两党在随后的两三年时间里，发动和主导了一场声势浩大的以"打倒列强除军阀"为目标的国民革命。正如毛泽东后来所说，"孙中山先生之所以伟大，不但因为他领导了伟大的辛亥革命（虽然是旧时期的民主革命），而且因为他能够'适乎世界之潮流，合乎人群之需要'，提出了联俄、联共、

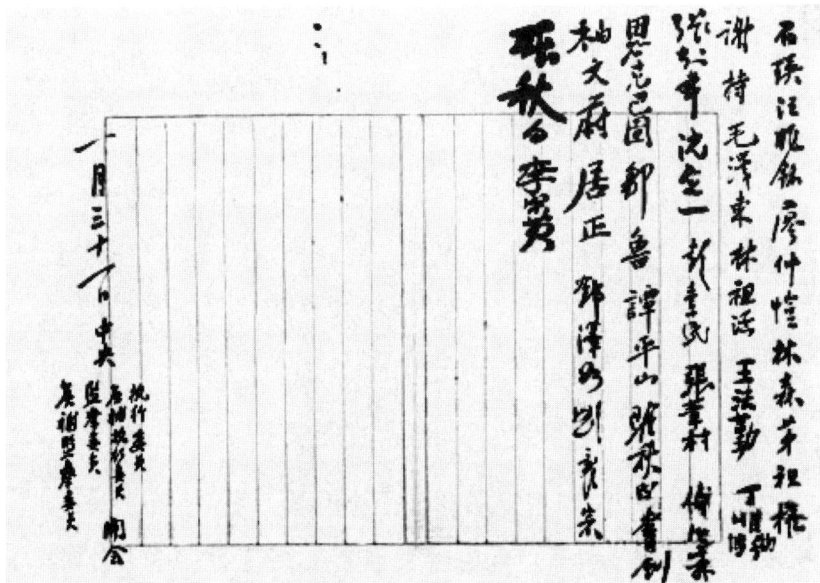

◎ 1924年1月31日，参加国民党一届一中全会的中执委、中监委签名

扶助农工三大革命政策"①。

这一时期，苏联以共产国际为媒介，深度介入和援助中国革命，国共两党均"以俄为师"。近代以来，中国人从"取法欧美"，到"取径东洋"，再到"以俄为师"，学习榜样再一次发生了重大转变。

---

① 《毛泽东选集》第二卷，人民出版社 1991 年版，第 700 页。

国共第一次合作的重要成果

——黄埔陆军军官学校

同盟会时期，孙中山搞革命先是依靠会党，后依靠新军。自己没有军队，最终不得不将总统的宝座与职权拱手让给袁世凯。正如鲁迅所说，"总要改革才好。但改进最快的还是火与剑，孙中山奔波一世，而中国还是如此者，最大的原因还在他没有党军，因此不能不迁就有武力的别人。"①

为适应国民革命形势的发展，在共产国际和中国共产党的帮助下，孙中山在着手改组国民党的同时，开始筹建军官学校，以便建立一支可靠的革命军。

1923年8月，孙中山派出由蒋介石率领的"孙逸仙博士代表团"访问苏联，考察军事、政治和党务。苏军的组织、制度和训练等方面的经验，成为后来创立黄埔军校、组建革命军队的原则和模本。与此同时，俄共（布）中央政治局任命鲍罗廷为孙中山的政治顾问，来华具体负责帮助孙中山改组国民党和筹建军校。

10月15日，国民党党务讨论会通过议案，"设陆军讲武堂于广州训练海外本党回国之青年子弟，俾成军事人才。拥护共和

---

① 《鲁迅全集》第十一卷，人民文学出版社2005年版，第40页。

◎ 1923 年，孙中山夫妇与苏联顾问鲍罗廷、格尔曼、波利亚克在广州

案。"11 月 19 日，鲍罗廷出席孙中山召开的国民党临时中央执委会，深入讨论"组织国民党志愿师和创建军官学校"诸问题。11 月 26 日，在鲍罗廷出席的国民党临时中央执行委员会第十次会议上，决定筹建军官学校，以培养革命军队骨干，由孙中山担任校长，指定廖仲恺和苏联顾问鲍罗廷着手筹划开办和选定教职人员。

仿效俄国以主义建军，是孙中山开办黄埔军校的一条重要原则。在他看来，中国革命所以迟迟不能成功的原因，就是没有真正的革命武装队伍，没有广大人民的基础。孙中山曾经痛切地说，"为完成我们的革命使命，所以我才下决心改组国民党，建立党军，实行工农政策。第一步使革命的武力与民众相结合，第二步使革命的武力成为人民的武力。这就是创办黄埔陆军军官学校的主旨，也就是黄埔陆军军官学校的使命。"

1924 年 1 月 24 日，就在国民党一大召开期间，孙中山正式

◎ 黄埔军校旧址

下令成立军校筹备委员会,任命蒋介石为委员长,王柏龄、李济深、沈应时、林振雄、俞飞鹏、宋荣昌、邓演达、张家瑞为筹备委员。中共中央委派张申府参加筹备工作。校名定为"中国国民党陆军军官学校",校址就选在广州东面珠江口的黄埔岛上。

据当时的人们回忆:"黄埔岛距广州约四十里,汽船一小时可到,周围约二十里,林木葱茏。山峦起伏,南连虎门,为广州第二门户、长洲要塞在焉。前曾为广东陆军学校及海军学校旧址,但因年久失修,败瓦颓垣,荒烟蔓草,已久为狐鼠窃居之所。总理以其四面环水,隔绝城市,地当枢要,实为军事重点,便于兴学讲武,遂指定该岛为本校校址。"[①]

2 月 20 日,国民党中央执行委员会通过了拟呈的《军官学

---

① 《黄埔军校史料》,广东人民出版社 1985 年版,第 26 页。

校考选学生简章》，明确提出办学宗旨为："本校希望对于军队有彻底的改良进步，故拟使全国热心有志堪以造就之青年，得有研求军事学术之机会，并教以三民主义，俾养成良好有主义之军人，以为党军之下级干部。"

经过孙中山批准，1924年3月27日，黄埔军校在广东高等师范学校举行了第一期入学考试。参加考试的人有1200多人，考试时间为三天，考试科目为作文、数学、历史、地理等科目。4月28日，录取通知公布，共录取正取生350人，备取生120人，后来，由湘军讲武学堂合并到军校的158人，四川送来20余人，也归入第一期，其间也有被退学的，以及留级到第二期的，到1925年6月25日毕业典礼时，参加毕业典礼的第一期的学员，总共有645人。

◎ 1924年6月16日，孙中山出席黄埔军校开学典礼。前排左起：邹鲁、胡汉民、孙中山、蒋介石、欧阳格

1924 年 5 月，黄埔军校正式开学。孙中山兼任军校总理，蒋介石任校长，廖仲恺任党代表。6 月 16 日，来自全国的教官和学生，包括共产党和国民党人共 500 余人在黄埔军校举行了隆重的开学典礼，孙中山亲临主持，并致开学词，明确指出了自辛亥革命以来屡次失败的根源所在，即"只有革命党的奋斗，没有革命军的奋斗；因为没有革命军的奋斗，所以一般官僚军阀便把持民国，我们革命便不能完全成功"。

由于筹建军校急需大批有政治觉悟、有丰富实际经验的军事政治干部，应孙中山的要求，鲍罗廷和加拉罕于 4 月 16 日向莫斯科发出电报："(1) 选派五十名工作积极的军事人员组成顾问团来广州；(2) 让具有丰富的作战经验，能使孙中山敬服的同志率领这个顾问团。"[①]

黄埔军校在开办时，资金困难，武器奇缺。为了帮助解决军校经费方面的困难，苏联资助现金 200 万卢布作为军校的开办经费。同时，派船先后运来大批武器。第一批武器有 10 支小手枪和 8000 支带刺刀、俄国式的步枪，每枪有 500 发子弹。这对于军校师生来说，真是"天大的喜事，全校自长官以至于学生，无不兴高采烈"[②]。

在苏联顾问的指导和参与下，借鉴苏联红军的建设经验，黄埔军校制定了切实的教育内容和多样化的教育方法。教育内容着重基本的革命理论和革命知识，对三民主义和马克思主义采取兼收并蓄的方针。

黄埔军校由六个部门组成，政治、教育、训练、管理、医学

---

① ［苏］M.C 贾比才等著：《中国革命与苏联顾问》，中国社会科学出版社 1981 年版，第 27 页。

② 王柏龄：《黄埔创始之回忆》，《黄埔季刊》第 1 卷第 3 期，1939 年。

和补给。分步兵、炮兵、工兵、辎重兵、宪兵、政治等科。黄埔军校开学后，陆续到军校工作的苏联顾问有贝斯查斯特洛夫、吉列夫、德拉特温、卡拉绰夫、沃里金、普里贝列夫、瓦林、罗加觉夫、阿赫蒇多夫、阿利、科丘别耶夫等人。这些顾问不但通过课堂教学讲理论，而且亲自示范，认真传授军事知识。他们言传身教，为培养革命军事人才作出了重要贡献。在国共两党通力合作、共同呵护下，黄埔军校焕发出朝气蓬勃的革命气息。

由于苏联顾问的精心规划，国共两党的共同努力，从而使得黄埔军校具有两个鲜明的特点：第一，借鉴苏联红军的经验，建立了中国史无前例的党代表和政治部的机构。第二，把政治教育提到和军事训练同等重要的程度，培养学生的爱国、革命精神。在中国共产党人和苏联顾问的帮助下，黄埔军校对蓬勃发展的工农运动采取积极支持的政策，使黄埔军校成为工农运动的坚强后盾。

正因如此，黄埔军校一俟成立，就在国民革命中立下赫赫战功。

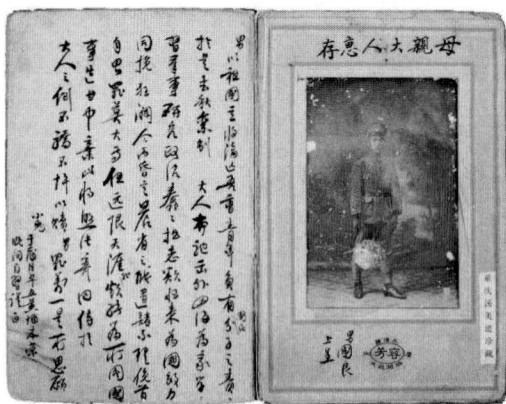

◎ 黄埔四期学员汤慕禹的家书

1924年10月，广州商团在帝国主义和封建军阀的挑唆和怂恿下叛乱。黄埔军校师生英勇出击，仅一天内就彻底打垮叛军。次年初，盘踞于东江的陈炯明乘孙中山病重北上，广州国民政府群龙无首之际，悍然发兵进犯广州。广州国民政府组织以黄埔学生军教导团两个团为主力的"东征联军"

讨伐陈炯明。同年 6 月，驻广州的桂军首领杨希闵、刘震寰乘革命军远征东江，在广州举兵叛乱，广州国民政府一度陷于万分危急之中。黄埔学生军奉命回师广州，很快击溃叛军。这时，被打败的陈炯明卷土重来，国民政府于同年 10 月再度东征。此时，黄埔学生军已扩编为国民革命第一军，他们攻克号称天险的惠州城，接着，兵分三路直捣东江，于 11 月初平定了广东最凶顽的军阀陈炯明。

这是 1925 年 3 月 1 日，黄埔军校第一期学员蔡升熙和贾伯涛的卒业证书。证书长约 42 厘米，宽约 40 厘米，蓝框黄底。正上方有孙中山的头像和国民党青天白日旗、青天白日满地红旗。蓝框四角各有一字，即校训"亲爱精诚"。黄底隐约用篆书写有孙中山的名言："革命尚未成功，同志仍须努力"。毕业证书的字体是楷书繁体字，内容竖写右起，具体内容为："本校第一期学生蔡升熙（贾伯涛）按照本校规定步兵科教育修学期满考试及格特给证书"。落款处为"总理孙文、校长蒋中正、党代表廖仲恺"的签名和印章。他们三位的签名按一个"品"字形来排列，即：孙文在最上方，蒋介石和廖仲恺并列在孙中山的下方。毕业时间

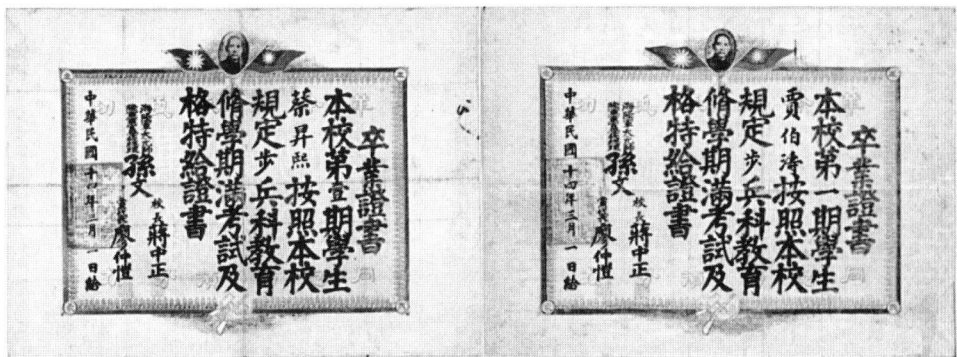

◎　蔡升熙和贾伯涛的黄埔军校第一期卒业证书

是"中华民国十四年三月一日（校印）"。

黄埔军校第一期学生卒业证书存世数量少，是唯一一期同时有创校三位最高领导人签名：总理孙中山、党代表廖仲恺、校长蒋介石。1925年3月12日孙中山去世，所以从第二期开始就没有孙中山的签名，只有廖仲恺和蒋介石的并列签名。1925年8月20日，廖仲恺被暗杀，汪精卫接任党代表，第三期开始就没有廖仲恺的签名，只有汪精卫和蒋介石的并列签名。

从某种意义上说，一部黄埔军校史浓缩着整个20世纪中国的革命史。

20世纪20年代前半期的中国，正处于暴风骤雨的大革命时期，北伐战争的烽火从珠江流域一直席卷了整个华夏大地。而黄埔军校，这所诞生于风起云涌广州城中的军事学校，其迅猛的影响力着实令人震惊，"黄埔"二字已经不仅仅代表一个地名或是一所学校，而是代表一种热爱祖国、百折不挠的崇高理想。正因为如此，它成为成千上万有志青年立志报考的名校。

据史料记载，黄埔军校第一期到第四期在第一次国内革命战争时期毕业的学员共4981人。第五、六期于第一次国内革命战争时期入学，国共分裂后毕业，共有毕业生3136人，其中第六期生原有4400余人，由于动乱大部分离校，毕业时仅有718人。后面的十七期先后在南京、成都等地开办，毕业生共约25000人。再加上各分校，黄埔军校总共约有毕业

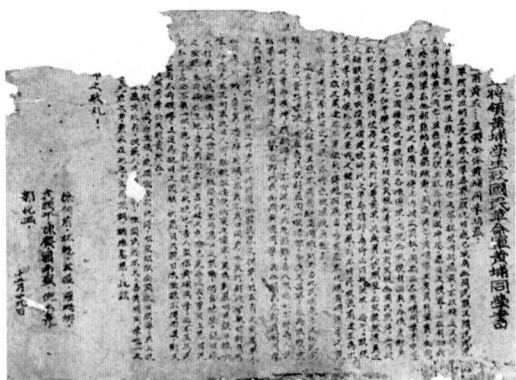

◎ 1936年12月29日，红军将领中的黄埔学生致国民革命军黄埔同学书

生 3 万余人，他们成为国共两党军队的骨干力量。

走出校门的那一天，这些同学们也许不会想到，有一天会在战场上成为对手，为各自信仰的主义而兵戎相见。但黄埔军校的这一段共同历史，一定会在他们的心中留下不可磨灭的印记。这份记忆，从来不用想起，永远也不会忘记。

我党最早组建的革命武装

——国民革命军第四军叶挺独立团

　　叶挺独立团于 1925 年 11 月成立于广东省肇庆市。它是在陆海军大元帅大本营铁甲车队的基础上，以黄埔军校部分中共党员、青年团员为骨干，从广东、广西、湖南招募贫苦农民作士兵组成的。周士第回忆说，"中共两广区委与孙中山先生商量，说要建立一支革命队伍，孙中山先生同意了。中共两广区委和周恩来同志便着手进行筹备工作。这时正值黄埔军校第一期快毕业了，周恩来同志便从黄埔军校中调了徐成章、赵自选及周士第三人，另从外面调了廖乾五、曹汝谦二人，一共五人，负责进行具体组织工作。还从各地调来一批工人、农民、青年充当队员。在铁甲车队的成员中，还有少数来自大元帅府的卫士队。"①

　　1925 年 11 月，中共中央决定建立独立团，并决定将铁甲车队并入独立团，作为骨干力量，人员均提级使用，队员可任班长，班长可任排长，排长可任连长。

　　叶挺，字希夷，号西平，广东惠阳人。1896 年生。保定军官学校毕业，曾任孙中山的警卫团营长。1924 年加入中国共产党，不久赴苏联学习。1925 年回国后，适值第四军扩充部队，

---

　　① 《周士第回忆录》，人民出版社 1979 年版，第 1—2 页。

叶挺与第四军将领陈铭枢、张发奎均熟识，陈、张等亦了解叶挺是一位不可多得的将才，遂邀叶挺到军中当团长。叶挺表示，如果当团长，也要当独立团团长，军长李济深答应了他的要求。当即委任他为独立团团长，并指定他的部队驻在广东西江肇庆地区。

独立团共约 2000 人，由叶挺担任团长，副团长为罗隆，参谋长为吴济民（后由中共党员周士第继任），军需主任为叶荃。全团下辖三个营和一个直属队。第一营营长先为周士第，后为曹渊（中共党员）；第二营营长先为贺声洋，后为许继慎（中共党员）；第三营营长先为杨宁（中共党员），后为张伯黄。各连连长多为中共党员。独立团建立了中共党支部，团部直属队和各营成立了党小组。党支部书记为吴巨严，支委有叶挺、周士第、董朗。其番号虽为国民革命军第四军独立团，但实际上是由中国共产党直接领导的一支革命武装。独立团的连以上干部绝大多数是共产党员或共青团员。独立团的干部任免、调动和人员的补充，都由中国共产党决定，不受第四军的约束。

独立团成立时，党组织就给予指示：加强军事政治训练，迅速培养成一支最可靠的有坚强战斗力的革命军队。独立团订出了

◎ 独立团的军帽和 75 山炮

新兵训练和干部训练的计划，每天从早到晚进行训练。士兵学习情绪很高，很快就学会了射击、投弹和战斗动作。干部除给士兵上课、出操外，还参加干部课、会议汇报、党团生活等；叶挺常给干部上课。全团官兵都过着紧张的生活，军事政治训练都得到很好的成绩。

随着革命形势的不断高涨，为了同北方国民军相呼应，粉碎敌人对南北革命力量各个击破的战略部署，用革命战争推翻帝国主义和封建军阀的反动统治，把革命推向全国，国民政府决定北伐。

北伐战争的直接打击目标是受帝国主义支持的北洋军阀。在以加伦为首的苏联军事顾问的建议下，国民革命军制定了集中兵力各个歼敌的战略方针：首先向湖南、湖北进军，长驱直进，迅速消灭北洋军阀中最薄弱的一环——吴佩孚部的主力，争取张作霖、孙传芳两部在短时间内保持中立；待两湖战场取得胜利后，再引兵东向，消灭孙传芳部；最后，北上解决实力最为雄厚的张作霖部。

湖南地处中国南北交通的要冲，自古以来是兵家必争之地。为援助刚归顺国民革命军而被吴佩孚部击败退守湘南衡阳的第八军唐生智部，1926 年 5 月 1 日，叶挺独立团从广东肇庆、新会出师北上，奔赴湖南前线，揭开了北伐战幕。

到达广州时，周恩来在司后街（现在越华路）叶挺家中召集独立团连以上党员干部开会，首先分析了国内外形势，北伐的有利条件，湖南、湖北的工人、农民、学生运动的情况，唐生智部的情况，广东各军的情况，说明了党决定独立团担任北伐先遣队的任务。接着，他又着重地指示了下面几个问题：

1. 加强党的领导，加强政治工作；

◎ 独立团使用过的《湖南邮路全图》

2. 注意发动群众，组织群众；

3. 注意统一战线工作，很好的与友军团结；

4. 作战要勇敢，要有牺牲精神，要能吃苦耐劳；

5. 要起先锋作用，模范作用，骨干作用；

6. 现在有些军都不愿意派部队先出去，只要你们打了胜仗，他们就会跟上来。

周恩来最后还用"饮马长江"这句话鼓励大家，并与每一位同志一一握手，相约"武汉见面"。

这张《湖南邮路全图》是1926年4月由陆军测量局绘制。图中红线标注的即为1926年第一次北伐时，叶挺独立团的进军路线，由南向北，从广东韶州经由湖南郴州、永兴、安仁、攸县、醴陵、浏阳、平江等地直至武汉。

独立团在沿途都受到工人、农民、青年学生的热烈欢迎，给独立团官兵鼓励很大，部队战斗情绪很高。5月下旬到达汝城县境，击溃谢文炳部1000余人，占领汝城。5月31日晚，独立团（缺第一营）进到湘南省永兴县城时，接到刚被国民政府任命为第八军军长唐生智的告急电报："综合各方面报告，判断敌即日必行总攻，安仁兵力单薄，贵团务速赴援。"

在这种形势下，叶挺率领独立团冒雨兼程驰赴安仁。6月2日上午，独立团（缺第一营）冒雨强行军赶到安仁城，第一营解送国民政府送给唐生智的子弹，在郴州点交后，3日也赶到安仁城。

叶挺独立团与第八军一部密切配合，于6月4日凌晨向敌人发起进攻，经过数小时激战，敌人全线溃败。5日晨，占领攸县。独立团的首战告捷，为北伐各军进入湖南扫清了道路，创造了有利条件。

7月9日，北伐誓师暨蒋介石就任总司令典礼在广州隆重举行，蒋介石正式就任国民革命军总司令。大会在"打倒军阀！""打倒列强！""完成国民革命！"等口号声中结束。北伐军的将士们，在广州工人和群众的热烈欢送下，高唱着"打倒列强除军阀"的战歌，挥师北上，离开了广东革命根据地，踏上了北伐的战场。

这样，大革命时期波澜壮阔的北伐战争，正式拉开序幕。

◎ 7月9日，北伐誓师典礼在广州隆重举行

　　北伐军首先集中兵力在两湖战场打击吴佩孚所部，连克长沙、平江、岳阳等地，8月底取得两湖战场上的关键战役——汀泗桥、贺胜桥战役胜利。

　　汀泗桥是鄂南门户，三面环水，东面高山矗立，只有西南端有一条铁路通行，地势险要，是粤汉路上的天险，通向武汉的大门。8月26日，第四军向汀泗桥发动总攻，敌人以大刀队督战，顽固死守。27日，作为预备队的叶挺独立团被调上前线右翼作战，官兵们依靠当地农民作向导，翻过高山，从小路绕道敌后，出其不意，突入敌阵，敌人仓惶溃败。

　　吴佩孚不甘心接连败北，亲率主力在贺胜桥以南桃林铺一带要隘布防据守，以保武汉。8月30日拂晓，第四军向贺胜桥之敌发起进攻，叶挺率独立团勇猛冲锋，突入敌人纵深阵地，与敌人展开激烈的肉搏战，打败了人数上占优势的敌人。随即他们与赶来增援的友军，共同进攻，终于突破10多里长的防御地带。

虽然吴佩孚在贺胜桥附近"手刃退却之军官十余名",但无法遏止前线士兵的溃退。

以叶挺独立团为先锋的第四军,在当地群众的鼎力相助下,经过浴血奋战,于 8 月 30 日上午 11 点占领了贺胜桥,打开了通向武汉的大门,为北伐战争的胜利奠定了坚实的基础。

8 月 31 日黄昏,第四、七军主力抵达武昌城下。第一次攻城失利之后,9 月 5 日,北伐军组织奋勇队(敢死队)再次攻城。叶挺独立团以第一营为奋勇队,第一营营长、共产党员曹渊任奋勇队队长。

接到任务后,一个班长(共产党员)拿着一封信、一包衣服和几元钱交给营长曹渊。他对曹渊说:"怕死是攻不下武昌城的。我们明天攻城,大家一定要不怕死,才能把武昌城攻下。我为了完成党交给的任务,是不怕死的。如果我死了,请把这封信、衣

◎ 围攻武昌的北伐军

服和钱寄给我母亲。"

曹渊回答说："你为完成党给的任务，不怕死的精神是很好的，我同你一样不怕死，去完成党给我的任务。你的家信和东西不要交给我，可以交给周廷恩书记代你保管。"

周廷恩也不愿留下来，坚决要上火线，经曹渊再三劝告，才将这位班长的衣物和信件收下。

9月5日凌晨，北伐军开始第二次进攻武昌城。独立团主攻通湘门一带，也就是现在的武昌火车站附近，一部分奋勇队官兵奋不顾身登上城墙与敌军肉搏，消灭了一部分敌人，但其他攻城部队没有跟上，敌人的预备队又不断增援，结果全部壮烈牺牲。李宗仁回忆说，"四军独立团曾潜至城脚，挂梯数具，官兵相继攀登，然敌方机枪弹如雨下，登梯官兵悉被击毙，无一幸免。牺牲的惨烈，达于极点。"①

临近破晓时，曹渊在武昌城下向团长叶挺报告战况，"天已拂晓，进城无望，职营伤亡将尽，现存十余人，但革命军人有进无退，如何处置，请指示。曹渊"。刚写完最后一字，曹渊不幸头部中弹，年仅24岁。

在独立团为国献身精神鼓舞下，北伐军各部于10月10日攻克武昌城，继15年前同日辛亥首义成功之后，千年古城再次传出振奋人心的捷报。北伐战争的这一重大胜利，重创北洋军阀势力，也为国民政府由广州迁都武汉奠定了基础。

翌年，由叶挺提议，中共独立团支部将曹渊等191位烈士合葬于洪山南麓的"国民革命军第四军独立团北伐攻城阵亡官兵诸烈士墓"。墓碑上刻有"精神不死""先烈之血主义之花""无产

---

① 《李宗仁回忆录》（上册），华东师范大学出版社1995年版，第280—281页。

阶级的牺牲者""诸烈士的血铸成了铁军的荣誉"等碑文，作为永久纪念。

北伐战争是在反对帝国主义、反对军阀的口号下进行的。在北伐进军的过程中，共产党人在军队政治工作和发动工农群众方面作出了巨大贡献，加伦等苏联军

◎ 国民革命军第四军政治部印行的宣传口号

事顾问的帮助和苏联提供的物资支援也起了重要作用。而叶挺独立团以英勇的战斗和巨大的牺牲，为其所在的国民革命军第四军赢得了"铁军"称号，并代表第四军接受武汉人民赠予的"铁军"盾牌。

叶挺的独立团在战斗中表现了无比的战斗力，勇猛善战，屡建殊功，这是什么原因呢？朱德曾经总结说，主要原因有三：一、军队中有中共的组织；二、有政治训练；三、有广大的农民和人民群众的支持。据统计，到1926年12月底，北伐军中担负政治工作的共产党员约1500人，实际领导了北伐军的全部政治工作。政治工作的结果，是使北伐军远离旧军痞习气，纪律严明、英勇善战，成为一支富有战斗力的革命队伍。

六个多月后，叶挺独立团又按照中共中央的指示从武汉出发参加南昌起义，谱写了创建人民军队的新篇章。

"高尚的生活，常在壮烈的牺牲中"

——李大钊的《狱中自述》

李大钊，中国共产主义运动的先驱，伟大的马克思主义者，杰出的无产阶级革命家，中国共产党的主要创始人之一，对中国共产党的创建作出了至关重要的贡献。

中国共产党成立后，李大钊代表党中央指导北方地区党的工作，在北方广大地区领导宣传马克思主义，开展工人运动，建立党的组织。1922年8月到1924年初，他受党的委托，往返于北京、上海、广州之间，同孙中山先生商谈国共合作，为建立国民革命统一战线、实现第一次国共合作作出了重大贡献。同时，他还组织国共两党深入农村，建立农民协会和武装，使直隶、内蒙古、山西等地的农民运动迅速发展起来。

北洋军阀政府视李大钊为心腹大患。"三一八"惨案发生后，段祺瑞政府严令通缉李大钊等人。为了躲避通缉，李

◎ 李大钊

大钊带着两党机关以及一家老小搬进了东交民巷苏联使馆旧兵营。在白色恐怖日益严重的情况下，他不顾生命危险，继续秘密地开展工作，使北方革命力量不断壮大。自1926年3月至1927年2月，仅北京一地，共产党员就由三百多人发展到一千多人，国民党员也由两千多人发展到四千多人。

1926年4月18日，张作霖进占北京后，加紧对共产党人及倾向共产党的革命者进行迫害，就连一些主张进步的报纸主编，如《京报》主笔邵飘萍、《社会日报》主笔林白水等，也都被残酷枪杀。为了抓到李大钊，反动军警派出大批特务化装成车夫、小商贩，天天在苏联大使馆旁边窥探。由于叛徒的出卖，敌人得到了李大钊隐匿在东交民巷俄国大使馆的确切情报和其他党员的名单。

李大钊其实一直有脱身的机会。被捕两天前，获知张作霖即将动手的消息后，杨度想方设法通知了李大钊，但李大钊并没有走。早在一个月前，日本友人清水安三也曾劝过李大钊避一下，"3月初，我给李大钊写过一封信，告诉他呆在东交民巷是很危险的。因为在我看来，英国公使馆就在俄罗斯的后面，万一被包围起来的话，那什么事情都可能会发生。"[1]但李大钊都一一婉拒了，

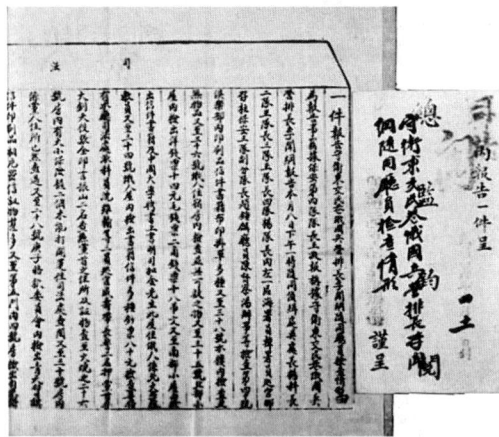

◎ 京师警察厅侦缉处关于逮捕李大钊后搜查苏联兵营给该厅总监的报告

---

[1] ［日］清水安三：《朝阳门外的清水安三》，李恩民、张利利、邢丽荃译，社会科学文献出版社2012年版，第158—159页。

"我不能走，我走了，北京的事谁来做呢？"

1927年4月6日，在获得帝国主义公使团的默许后，张作霖不顾国际公法，悍然派兵闯进苏联驻华使馆，经过疯狂搜捕，李大钊与妻子、两个女儿，连同国共两党北方领导机关人员和苏方人员共60余人被捕。4月7日的《晨报》记载了那天的情景："昨晨十时半东交民巷东西北各路口，停留多辆洋车，便服行路者徘徊观望，过者早知有异。迨十一时有制服警察一大队，约一百五十名，宪兵一队，亦有一百名，均全副武装，自警察厅，分路直趋东交民巷，首先把守各路口，余皆集中包围俄国大使馆……"

当时与父亲在一起的李星华，则在回忆录里记下了抓捕现场："不要放走一个！粗暴的吼声在窗外响起来，喊声未落，穿着灰制服和长筒皮靴的宪兵们、穿便衣的侦探和穿黑制服的警察就蜂拥而入，一瞬间挤满了这间小屋子。他们像一群魔鬼似的，把我们包围起来，十几只黑洞洞的枪口对着父亲和我。一个坏蛋立刻冲到跟前，把父亲的手枪夺过去了。……残暴的匪徒们把父亲绑起来，簇拥着走了。"

李大钊等人被捕后，关押在北京西交民巷司法部后街京师看守所，在社会上引起极大震动。北京的教育界、新闻界一致奋起营救，坚决要求北京政府无条件释放李大钊等人，社会影响之大超过了张作霖的预料。

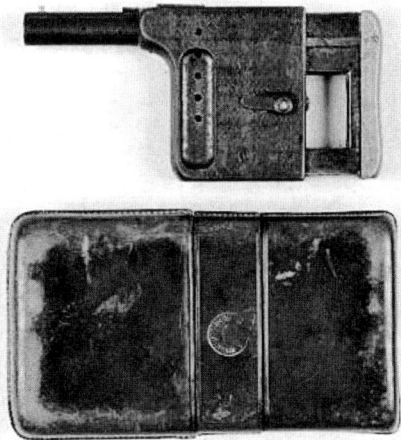

◎ 李大钊用过的高劳斯二号手枪

4月8日的《世界日报》记载："李著灰棉袍，青布马褂，满脸髭须，精神甚为焕发，态度极为镇静，自称马克思学说崇信者，对于其他之一切行为，则谓概不知晓云云。"

抓捕李大钊后，张作霖面对的一个难题是，最终送他去哪个法庭？是军事法庭，还是普通法庭？依照北洋军阀统治时期的现实，上军事法庭就是进鬼门关。很多社会名流在报纸上撰文指出，李大钊是个文人，不是军人，应该送普通法庭。奉系军阀内部的政治讨论会上，一部分高官也建议张作霖将李大钊交给普通法庭公开审判。

李大钊的被捕和入狱，震惊了京城内外，各界人士竞相营救。北京25所大学校长集会，发表声明要求"移交法庭办理"；李大钊同乡300余人联名请释；西北的国民军通电警告北京政府不得杀害李大钊；京津不少报纸也为李大钊呼吁；北方铁路工人甚至组织了劫狱队，决心不惜代价，全力营救李大钊。4月16日的《申报》也认为"李之知友甚多，各方为其营救，或不至有意外也"。

然而，半个月之后，李大钊还是由军事法庭会审。理由是，李大钊阴谋破坏宪法秩序，勾结外国人，煽动内乱，根据《陆军审判条例》《修正陆军刑事条例》，也可以当作陆军军人审判。于是，北洋政府安国军总司令部军法处、京畿卫戍司令部、京师高等审判厅、京师警察厅四机关组成的军事法庭，在4月25、26日两次预审，进一步核实李大钊等被捕党人的姓名、年龄、籍贯、出身及

◎ "安国军总司令部组织临时军法会审"名单

入党年月、服务工作等。

李星华回忆说，"在法庭上，我们跟父亲见了面。父亲仍旧穿着他那件灰布旧棉袍，可是没戴眼镜。我看到了他那乱蓬蓬的长头发下面的平静而慈祥的脸。'爹！'我忍不住喊出声来。母亲哭了，妹妹也跟着哭起来了。'不许乱喊！'法官拿起惊堂木重重地在桌子上拍了一下。父亲瞅了瞅我们，没对我们说一句话。他脸上的表情非常安定，非常沉着。他的心被一种伟大的力量占据着。这个力量就是他平日对我们讲的——他对于革命事业的信心。"

在狱中，"因预审中供词，由书记记录，多与彼原意不甚相符"，李大钊干脆说："你们拿纸笔来，我自己写好了。"于是，也就有了后来广为传诵的《狱中自述》。终日为革命奔走忙碌的李大钊，借这个机会梳理了自己革命的一生。"钊自束发受书，即矢志努力于民族解放之事业，实践其所信，励行其所知，为功为罪，所不暇计。今既被逮，惟有直言。倘因此而重获罪戾，则钊实当负其全责。惟望当局对于此等爱国青年宽大处理，不事株连，则钊感且不尽矣！"

显然，最后两句话才是李大钊撰写答辩状的真正目的所在。也就是说，《狱中自述》不是自我辩护，而是李大钊用这种特殊的形式，竭尽全力为同志们争取一线生机，同时借机宣传国民革命的思想。至于他个人，则"为功为罪，所不暇计"。

李大钊在狱中撰写自述之时，可能并不知道上海和广州先后发生了反革命政变。他主要以国民党党员身份谈自己立志救国救民思想的由来，加入国民党、投身国民革命的经过，以及他对孙中山对外对内政策的理解。他强调反对帝国主义，废除一切不平等条约的思想主张，强调中国"必须采用一种新政策"才能独立富强，希望"振兴国民党以振兴中国"。其临危不惧，以天下为己任的情怀，致力于救国救民的浩然之气，跃然纸上。

当时，敌人把李大钊案诬为"苏联阴谋案"，把共产党诬蔑为"赤俄的工具"，并借此大搞所谓"讨赤驱赤"。李大钊在《狱中自述》中坚决声明：他们的住所是由国民党人徐谦等掌管的"庚子赔款委员会"，而不是苏联大使馆；一切事项"并未与任何俄人商议"，一切用款则全由国民党自广州、武汉汇寄，以此说法来尽力保护一同被捕的人员。

经过慎重选择，李大钊也在自述中谈了一些众所周知的国民党的情况，提到蒋介石、汪精卫、吴稚晖、李石曾等人的名字，谈了国民党第一次、第二次全国代表大会和武汉国民党中央的一

◎ 《狱中自述》第一稿

◎ 《狱中自述》第二稿

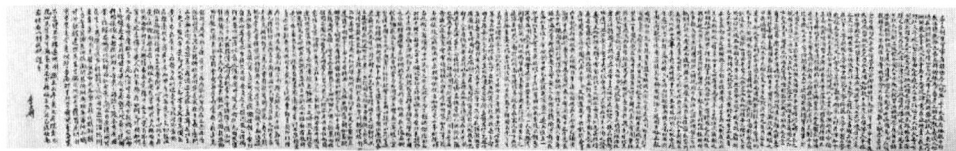

◎ 《狱中自述》第三稿

◎ 就义前的李大钊和绞刑架

些情况，但这些情况都是已见诸报端的。

在《狱中自述》的结尾处，李大钊在独揽责任，全力保全他人的同时，还特别写道："钊夙研史学，平生搜集东西书籍颇不少，如已没收，尚希保存，以利文化。"

这份自述的行笔笃定洒脱，通篇流露出革命者的浩然正气，既是一篇光辉的革命文献，又是李大钊对革命事业无限忠诚的历史见证。《狱中自述》现存国家博物馆，由李大钊的女儿李星华于 1957 年捐献。自述前后三易其稿，初稿较简略，和二稿相比，三稿只是在个别字句上进行了必要的修饰，最后成稿 2800 余字。

李大钊利用国民党党员身份合情合理合法地进行答辩，最大限度地保守中国共产党的机密，保护狱外的同志和青年难友，其所供述几乎都是公开的"秘密"。最后，连法官也不得不承认李大钊"素来光明磊落""无确供"。

即使"无确供"，但军事法庭不顾社会各界的强烈反对，于 1927 年 4 月 28 日上午 10 时当庭宣判，以"意图扰害公安、颠覆政府，实犯刑律之内乱罪及陆军刑事条例之叛乱罪"判处李大

167

钊等 20 人死刑，宣判后立即执行。

李大钊等被押解至司法部街后身刑场。下午二时，宪兵营长高继武监刑，执行绞刑。李大钊首登绞刑台，视死如归，身着棉袍，从容淡定地在敌人的镜头前留下最后一张照片，年仅38 岁。

第二天的北京《晨报》披露："当日看守所马路断绝交通，警戒极严。军法会审派定东北宪兵营长高继武为监刑官，在所内排一公案，各党人一一依判决名次点名，宣告执行，由执刑吏及兵警送往绞刑台。闻看守所中只有一架，故同时仅能执行二人，而每人约费时 18 分始绝命，计自 2 时至 5 时，20 人始处刑完毕。首登绞刑者，为李大钊，闻李神色未变，从容就死。"

与李大钊同时就义的还有路友于、邓文辉、张挹兰等 19 名烈士。张挹兰是国民党北京特别市党部妇女部长，时年 34 岁，是 20 位遇难者中的唯一女性和最后一名走上绞架者。

1927 年 5 月 11 日的京师警察厅公函(十六年字第一四六号)，较为全面地反映了判决情况：

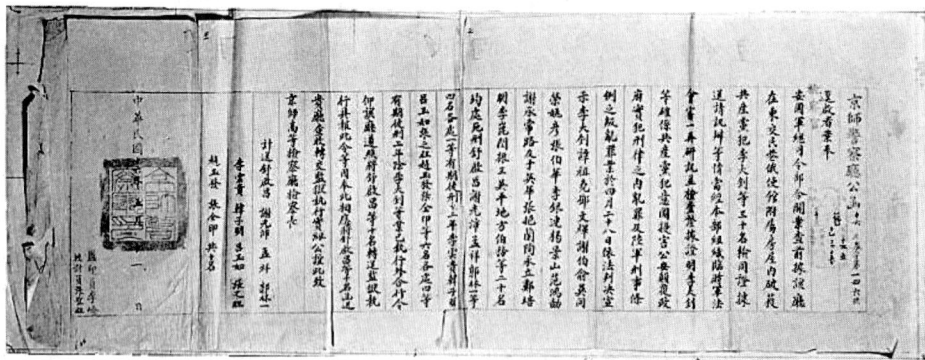

◎ 1927 年 5 月 11 日的京师警察厅公函

> 安国军总司令部令：开案查前据该厅在东交民巷俄使馆附属房屋内破获共产党犯李大钊等三十名，检同证据送请讯办等情。当经本部组织临时军法会审，一再研讯，并检查证据证明李大钊等确系共产党犯，意图扰害公安、颠覆政府，实犯刑律之内乱罪及陆军刑事条例之叛乱罪，业于四月二十八日依法判决宣示：李大钊、谭祖尧、邓文辉、谢伯俞、莫同荣、姚彦、李银连、杨景山、范鸿劼、谢承常、路友于、英华、吴平地、方伯务等二十名均处死刑；舒启昌等四名各处一等有期徒刑十二年；李云贵、韩子明、吕玉如、张之旺、赵玉发、张全印等六名各处四等有期徒刑二年。

为了共产主义事业、为了中国共产党的事业，李大钊早就做好了牺牲的准备。1919 年 11 月 9 日，他曾经写过一篇非常有名的短文叫《牺牲》："人生的目的，在发展自己的生命，可是也有为发展生命必须牺牲生命的时候。因为平凡的发展，有时不如壮烈的牺牲，足以延长生命的音响和光华。绝美的风景多在奇险的山川，绝壮的音乐多是悲凉的韵调，高尚的生活常在壮烈的牺牲中。"

对于李大钊的殉难，曾在他的领导下工作过的陈毅后来写诗缅怀称颂："先驱好肝胆，松柏耐岁寒。"

局部地区执政的重要尝试

——中华苏维埃共和国的建立

随着土地革命的深入开展，为统一领导全国各根据地的斗争，表达和实现自己的政治主张，在共产国际的指导下，中共中央决定尽快成立中华苏维埃共和国，于 1930 年 2 月 4 日发出《关于召集全国苏维埃区域代表大会》的通告，首次提出建立全国苏维埃中央政权以统一领导全国各地苏维埃区域斗争的构想。

1931 年 1 月 15 日，遵照上海临时中央的指示，中央苏区成立以周恩来为书记、项英为代理书记的苏区中央局。苏区中央局的成立，迈出了建立苏区领导中心的重要一步。然而，中央苏区一直处于第二、三次反"围剿"战争状态，直到 9 月初，中央苏区第三次反"围剿"才胜利结束。在苏区军民的努力下，赣南、闽西及周围革命根据地联成一片，形成包括 21 座县城，5 万平方公里土地，250 万人口，拥有近 5 万名红军的巩固的根据地，为全国苏维埃第一次代表大会的召开准备了条件。

全国苏维埃第一次代表大会的会场选定在瑞金叶坪村谢氏宗祠。这是一幢明代建成的青砖灰瓦半寺式建筑，颇为坚实、宽敞。在征得村中谢氏长辈同意之后，请来泥木工匠进行改建，组织人员精心布置，使其装点成为一个庄严的会场。叶坪村东北一片刚收割完的晚稻田，被大会筹备处开辟为平整的阅兵场，并用

◎ 1931年11月7日，苏区中央局委员合影(左起：顾作霖、任弼时、朱德、邓发、项英、毛泽东、王稼祥)

竹木搭建了临时阅兵台。

鉴于国民党军有飞机，为防备大会开幕时遭到敌人空袭，大会筹备处根据毛泽东等人的提议，安排中共长汀县委在长汀城郊搭建了一个假会场，以迷惑敌机。同时，将红军阅兵式、授旗授奖章仪式等大型户外活动安排在早晨7点钟以前结束，以确保大会安全召开。

11月7日，中华苏维埃第一次全国代表大会在江西省瑞金县叶坪村举行。出席大会的代表，分别来自中央苏区和闽西、赣东北、湘赣、湘鄂西、琼崖等苏区的红军部队，以及设在国民党统治区的全国总工会、全国海员总工会共610人。

7日上午举行阅兵典礼，下午举行开幕式，由项英致开幕词。大会选举37人组成主席团，并推举项英、张鼎丞、陈正人、周以栗、朱德、曾山、邓广仁为主席团常务主席。

11月9日下午，毛泽东按照大会议程的第一项作政治问题报告，回顾并总结了中央苏区过去的工作。大会主席团于11日决定由任弼时、王稼祥、毛泽东等组成宪法起草委员会，制定通过了《中华苏维埃共和国宪法大纲》，是中国共产党领导人民制定的第一部宪法性文献，为后来的民主宪法提供了宝贵的经验，影响深远。

《宪法大纲》规定："中国苏维埃政权所建设的是工人和农民的民主专政的国家。苏维埃全政权是属于工人、农民、红军兵士及一切劳苦民众的。""这个专政的目的，是在消灭一切封建残余，赶走帝国主义列强在华的势力，统一中国，有系统的限制资本主义的发展，进行国家的经济建设，提高无产阶级的团结力与觉悟程度，团结广大贫农群众在它的周围，以转变到无产阶级的专政。"①

大会还听取和讨论了项英、张鼎丞、朱德等人的7项报告，通过了临时中央提供大会讨论的《中华苏维埃共和国土地法》《中华苏维埃共和国劳动法》《中华苏维埃共和国经济政策》等法令。

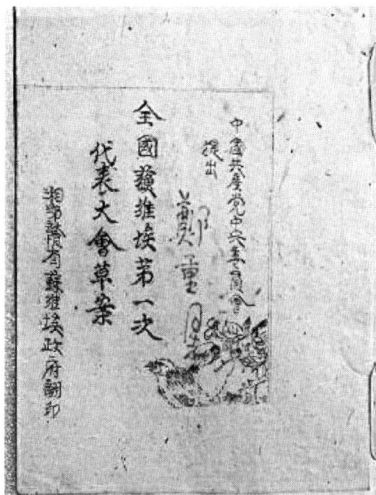

◎ 湘鄂赣省苏维埃政府翻印的全国苏维埃第一次代表大会草案

---

① 《中华苏维埃共和国宪法大纲》，《苏维埃中国》，中国现代史资料编辑委员会，1957年，第17页。

11月19日，大会选举产生出中华苏维埃共和国中央执行委员会。毛泽东、项英、张国焘、周恩来、刘少奇、朱德、彭德怀、任弼时、方志敏、瞿秋白等63人为中央执行委员，组成中华苏维埃共和国中央执行委员会，为全国苏维埃代表大会闭会后的最高政权机关，中华苏维埃共和国随即宣告成立。

11月20日，大会举行授章典礼，授予红一、二、三、四军、红三军团、红六、七、十、十二、十六军以红旗，并授予毛泽东、朱德、彭德怀等8人奖章。接着，由毛泽东致闭幕词。

11月25日，中央执行委员会任命朱德、周恩来、毛泽东等15人为中央革命军事委员会（简称"中革军委"）委员，朱德为主席，王稼祥、彭德怀为副主席，王稼祥为总政治部主任。

11月27日，中央执行委员会第一次会议选举毛泽东为主席，项英、张国焘为副主席。选举毛泽东为人民委员会主席，项英、张国焘为副主席。"毛主席"这一称呼由此叫响。会议还选举王稼祥为外交人民委员、朱德为军事人民委员、项英为劳动人民委员、邓子恢为财政人民委员、张鼎丞为土地人民委员、瞿秋白为教育人民委员、周以栗为内务人民委员、张国焘为司法人民委员、何叔衡为工农检察人民委员、邓发为国家政治保卫局局长。会议决定，中华苏维埃共和国临时中央政府设在江西瑞金。

根据《宪法大纲》规定，苏维埃政权的最高权力机关为全国工农兵代表大会，在大会闭会期间，中华苏维埃共和国中央执行委员会为最高政权机关，从而保证代表大会所拥有的权力能连续不断地实施和发挥作用。中央执行委员会下设人民委员会作为中央行政机关，毛泽东为主席，设外交、军事、劳动、财政、土

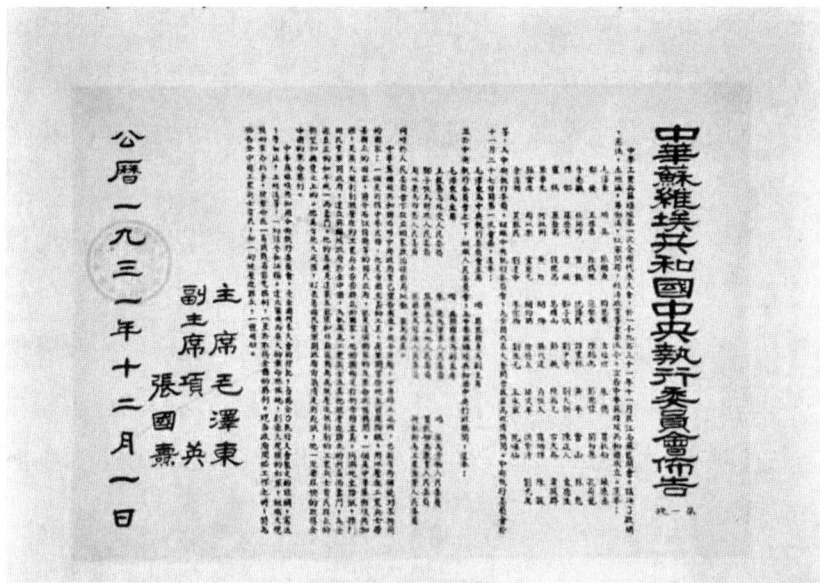

◎ 《中华苏维埃共和国中央执行委员会布告》（第一号）

地、教育、内务、司法、工农检察人民委员部和国家政治保卫局等办事机构。

12 月 1 日，由毛泽东、项英、张国焘联名发出的《中华苏维埃共和国中央执行委员会布告》（第一号），公布了毛泽东等 63 人组成的中央执行委员会的委员名单和第一次会议的内容。布告正式宣布："中华苏维埃共和国中央执行委员会，受全国代表大会的付托，当竭全力执行大会制定的政纲、宪法、劳动法、土地法等，一切法令和决议，建立巩固而广大的革命根据地，创建大规模的红军，组织大规模的革命战争，使革命在一省或几省首先胜利，以至于取得全国的胜利。"

如何在这块地处边远山区、经济落后、工业基础薄弱、以小农经济和家庭小手工业为主、人民饱受残酷剥削和压迫的"试验田"里，开创建立和巩固政权、推进区域全方位建设的新局面？

共产党人在艰苦卓绝条件下进行了重大探索。中华苏维埃共和国实行工农兵代表大会制度，分为乡、区、县、省和全国五级。各级苏维埃政府广泛吸收工农群众代表参加政权管理，妇女和男子享有平等的权利。

中华苏维埃共和国注重发展经济。各级苏维埃政府积极动员农民开展互助合作运动，合理调剂人力、物力，提高劳动生产率，同时大力开垦荒地，兴修水利，增加农作物的产量。开展交通、邮电、财政和金融建设，努力促进手工业的发展，逐步建立起一批根据地急需的厂矿企业，基本保证了红军打仗和群众生活的需要。

1932年2月，以毛泽民为行长的中华苏维埃共和国国家银行在瑞金叶坪正式成立。其首要任务就是统一货币，建立独立的货币制度。先后发行壹圆、伍角、贰角、壹角、伍分五种面值的纸币，铸造了贰角、壹分的铜币，流通于中央苏区以瑞金为中心的21个县。国家银行还开办存款和贷款业务，发行两期革命战争公债和一期经济建设公债，为支援革命战争、发展苏区经济、巩固苏维埃政权发挥了重要作用。这件壹圆纸币石印版的存世量极

◎　国家银行的壹圆纸币石印版和董必武珍藏的壹元纸币

少，正面图案为列宁像，背面图案标有发行时间"1934"。

中华苏维埃共和国重视法制建设。大会通过的《中华苏维埃共和国土地法》《中华苏维埃共和国劳动

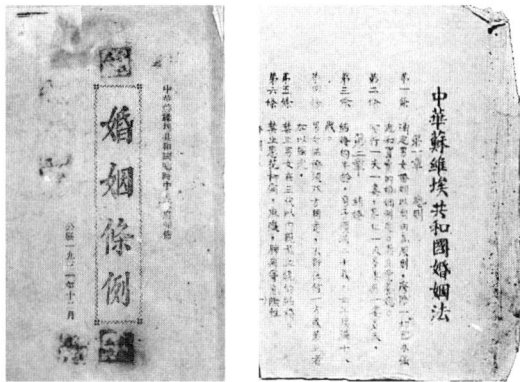

◎ 中华苏维埃共和国婚姻条例和婚姻法

法》和《中华苏维埃共和国经济政策》等法规草案，以法律的形式把土地革命中实行的平均分配一切土地的政策固定下来，并规定工农大众享有劳动和取得物质待遇等种种权利。1931 年 12 月 1 日颁布的《中华苏维埃共和国婚姻条例》，是一部"彻底地实行妇女解放，定出合理的不受一切宗法封建关系和宗教迷信所束缚的男女关系以及家庭关系的法令"①。此后，苏维埃政府又对《条例》进一步修改和完善。1934 年 4 月 8 日公布生效的《中华苏维埃共和国婚姻法》，废除一切包办强迫和买卖的婚姻，实行男女平等、一夫一妻制、婚姻自由和保护妇女权益。

此外，中央执行委员会还先后颁布 120 多部法律和法令，初步建立起具有鲜明阶级性和时代特征的法律体系，并建立了较为完整的司法组织体系。

中华苏维埃共和国注重文化建设，提高群众的文化水平。各根据地创办了马克思共产主义学校、列宁师范学校、中央农业学

---

① 厦门大学法律系、福建省档案馆编：《中华苏维埃共和国文件选编》，江西人民出版社 1984 年版，第 3 页。

校、高尔基戏剧学校等，加强对人民群众的马克思主义教育，培养革命干部和各方面人才。还针对农村文盲众多的实际情况，开设了各种补习班和识字班，进行扫盲运动，大力提高群众的识字水平。

中华苏维埃共和国注重加强党的建设。各级党组织得到健全，党员队伍不断扩大，并形成了艰苦奋斗、廉洁自律、密切联系群众等优良作风，真正使党和人民打成一片、军民团结一条心，从而保证了党在根据地的凝聚力。在苏区，当时流行着这样一首歌谣："苏区干部好作风，自带干粮去办公，日穿草鞋干革命，夜走山路访贫农。"这首歌谣至今读来，仍令人倍感亲切。

1933 年 1 月，中共临时中央政治局由上海迁入瑞金，瑞金成为中华苏维埃共和国政治、经济、文化中心。外交部、劳动部、财政部、教育部、新华社，当今国家的许多领导机关和政府部门，都可以在瑞金找到自己的"根"。从国体到政体，从政

◎ 中华苏维埃共和国临时中央政府旧址

◎ 中华苏维埃共和国中央执行委员会和下属的国家政治保卫局的印章

府组建到法律的颁布，新生的红色政权在敌人的一次次重兵"围剿"和封锁下，实践着共产党对新国家、新社会的理想。毛泽东指出："同志们，我们过去握锄头把子，扛枪杆子，今天又要握起印把子。过去我们只会种田，会做工，后来学会了打仗，现在还要学会治理国家。"

1933 年，中央红军取得第四次反"围剿"胜利后，中央革命根据地扩大到地跨江西、福建、广东三省的广大地区，建立了江西、福建、闽赣、粤赣等省级和 60 多个县级苏维埃政权，红军发展到 12 万多人，党员人数超过 13 万。

1934 年 1 月 22 日至 2 月 1 日，中华苏维埃第二次全国代表大会在瑞金沙洲坝召开。从此以后，中央政府前面的"临时"两个字就去掉了，正式成为中华苏维埃共和国中央政府。本次大会通过了修改后的宪法大纲等决议案和关于国旗、国徽、军旗的决定，使得中华苏维埃共和国的国家形态更加完备。

这两枚印章式样基本相同。这里着重介绍一下"中华苏维埃共和国中央执行委员会"印章，印面为银质、柄为木质，直径

10.8 厘米。印面外圈錾阳文隶书"中华苏维埃共和国中央执行委员会"。内圈为麦穗环抱地球图案，上部是一颗五星，中心为镰刀与锤子交错形状。锤子象征工人阶级，镰刀象征农民阶级，两者组合是工农联盟的标志，也是共产党的标志。

这枚印章之所以能够保存至今，要归功于林伯渠。1947 年 3 月，国民党军进犯陕甘宁边区。撤出延安前，林伯渠把多年的日记都烧了，却把这枚印章的木柄去掉后随身珍藏。有人说印章早就不用了，可以扔掉，可林老没有同意，他说："革命的印把子，是永远不能丢掉的！"1959 年 9 月，他把这枚印章捐给了中国革命博物馆。

对于一个历史事件，常常随着时间的推移，可以比原来看得更加清楚。对中华苏维埃共和国的历史地位和意义，单单看它在成立的时候做了些什么，在当时起了什么作用，是不够的。如果放在历史的长河中用更长远的眼光去看，它的地位会显得更为清楚。对此，习近平同志有一段很中肯的评价："这是中国历史上第一个全国性的工农民主政权，是我们党在局部地区执政的重要尝试。为我们党在抗日战争和解放战争时期的根据地建设以及新中国的政权建设，提供了宝贵的历史经验，培养了一大批领导骨干和组织、管理人才。"[①]

---

① 习近平：《在纪念中央革命根据地创建暨中华苏维埃共和国成立 80 周年座谈会上的讲话》，《人民日报》2011 年 11 月 5 日。

培养红军行政干部的摇篮

——毛泽东担任校长的苏维埃大学

将教育作为革命斗争的重要武器，是中国共产党成立以来的一贯方针。早在 1929 年 6 月，中共中央就在《宣传工作决议案》中指出："党必须有计划的加强马克思列宁主义的理论教育"，"建立各级训练班以造就新的干部人才"。

中华苏维埃共和国成立之后，围绕着中央苏区各项建设，需要成千上万的各行业高级干部。以往所办的各种训练班规模过小，师资力量无法集中，教学计划和学习方式不能统一，难以培养数量如此多的高级干部。培养一批能领导革命斗争的高级干部，担负起建设中央苏区的重任，提上了中央苏区的议事日程。

"为着集中领导统一教授与学习的方向起见"，在 1933 年 8 月 16 日举行的第 48 次会议上，中央人民委员会决定开办苏维埃大学，以毛泽东、沙可夫、林伯渠、梁柏台、潘汉年五位同志为大学委员会委员，毛泽东任校长，沙可夫为副校长。

当时，毛泽东任临时中央政府主席，沙可夫任教育人民委员部副部长兼艺术局局长，林伯渠任财政人民委员部部长，梁柏台任内务人民委员部代理部长，潘汉年任中国工农红军总政治部宣传部部长兼地方工作部部长。这些人组成大学委员会，足以表明临时中央政府对苏维埃大学的高度重视。

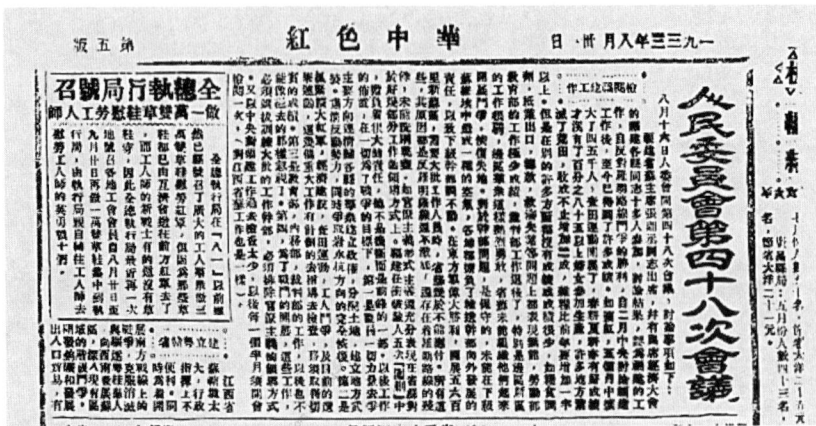

◎ 《红色中华》报的相关报道

《红色中华》报道了苏维埃大学的创办原因："因为革命战争的猛烈开展，环绕着革命战争的每个重大工作，如查田运动、经济建设、工人斗争、文化建设、财政工作、肃反工作、道路建设、新苏区的发展以及目前的选举运动，都需要大批干部。这不是几十几百人的事，而是要有几千万人继续供给到各个工作的战线上去。"①

8月21日，苏维埃大学委员会召开第一次会议，确定了学校建校、招生、开学等事项。《苏维埃大学简章》规定，"苏维埃大学以造就苏维埃建设的各项高级干部为任务"，并对学员的入学资格、课程设置、运行机制等都作出了明确、具体的规定。"凡年在十六岁以上，不分种族、性别，曾在政治机关，或群众团体，或党和团负责工作，有半年以上而积极的，在边区积极参加过革命斗争的，其文化程度，能看普通文件，均有入学资格。"

9月初，学校正式开学，校址设在瑞金沙洲坝中央政府大礼

---

① 《开办苏维埃大学》，《红色中华》1933年8月31日。

堂附近的黄土冈上，共有五栋房子。这些校舍是由学生和工人紧张施工，用松木、杂木和毛竹搭起来的茅草房。房子是长方形的平房，可四面下水，五栋房子平排，柱子是松木的，四面的墙是用松板钉起来的；每栋房子中间又用土砖和竹片隔成五六个小房间，房子四周的墙上都安了活动的小窗，学生上课、住宿都在里面，生活、学习的设施都非常简陋。学员们称之为"茅草房中办大学"。

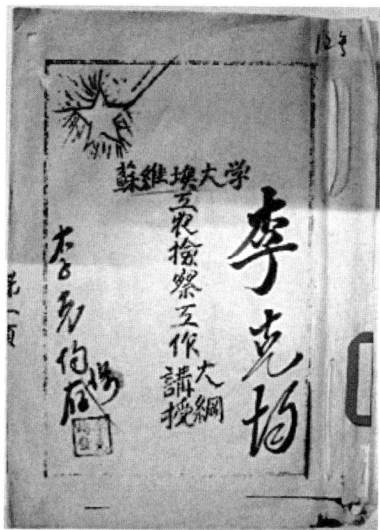

◎ 苏维埃大学的《工农检察工作讲授大纲》

苏维埃大学的课程，主要有苏维埃工作理论、实际问题研究、实习等三项。在教学中贯彻教育为革命战争服务、理论联系实际、教育与劳动生产相结合的方针和原则。学校生活实行军事化，组织了"赤卫军"，成立了"学生公社"，开展军事训练，实行民主管理。

苏维埃大学分特别工作班和普通班。特别工作班开始时设有土地、国民经济、财政、工农检察、教育、内务、劳动和司法八个班，1934年春又增设外交、粮食两个班，共10个专业班，学制半年。

这是一份由苏维埃大学校长毛泽东签发的第4号证书，时间是1933年10月15日。证书记载如下："姓名詹本强，年龄二十三，籍贯江西瑞金下肖区七堡乡，性别男，成份贫农。詹本

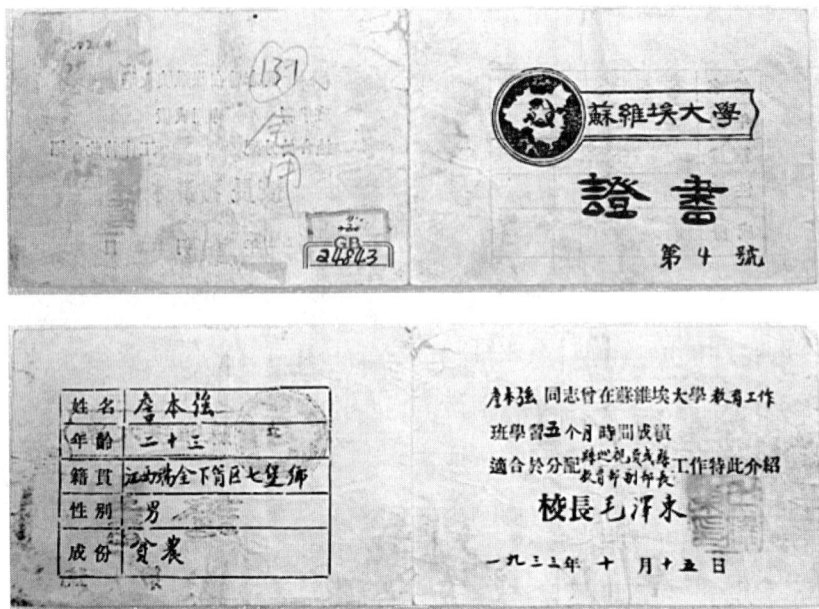

◎　苏维埃大学学员詹本强的证书

强同志在苏维埃大学教育工作班学习 5 个月时间，成绩适合于分配县巡视员或县教育部副部长工作。"

从这张证书可以看出，詹本强所在的"教育工作班"属特别工作班。从 1933 年 9 月初开学，到 10 月 15 日发证书，詹本强也就在校学习了一个多月的时间，为什么证书上要写五个月呢？

这与苏维埃大学"集中领导中央政府各部所办的训练班"，"统一教授与学习"的办学宗旨是分不开的。詹本强的学习时间显然也包括了苏维埃大学开办之前，他在中央教育部所办的教师培训班学习了三个多月。

由于特别工作班缺乏合格生源，学员文化程度参差不齐，给正常教学带来极大困扰，因此苏维埃大学还开设普通班即预科，主要目的"是要对文化程度不足的学生，给以补习的教育"，学

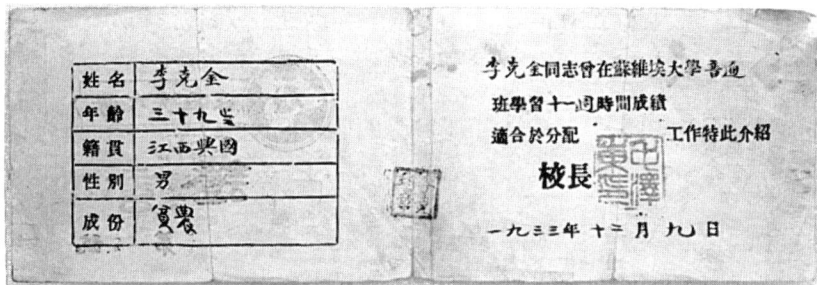

◎ 苏维埃大学学员李克金的证书

习期限不定。

这张苏维埃大学证书是学员李克金的，他所在的是普通班，学习时间上只有十一周，约两个多月时间，且在证书上没有写明适合于分配何种工作。

苏维埃共和国领导人十分关注苏维埃大学的教学工作，毛泽东、张闻天分别撰写了《乡苏怎样工作》《区苏怎样工作》两篇文稿，并亲自到苏维埃大学演讲，后来印成小册子作为基本教材，受到学员们的普遍欢迎和认同。

1934 年 2 月，中央苏区第二届中央执行委员会召开第一次会议，任命瞿秋白担任中央教育部部长、徐特立为副部长。4 月，瞿秋白兼任苏维埃大学校长，徐特立兼任副校长。

为纪念为革命作出重要贡献，因操劳过度而英年早逝的优秀党员沈泽民，中央决定将苏维埃大学改名为"国立沈泽民苏维埃大学"。

1934 年 4 月 1 日，学校在瑞金沙洲坝中央政府大礼堂举行开学典礼。校长瞿秋白和新任的中央人民委员会主席张闻天先后发表重要讲话。张闻天详尽地指出了苏维埃大学学员学习的中心任务：第一，应当学习领导广大的工农劳苦群众进行一切战争动员工作，来帮助战争；第二，应该学习改善群众生活问题，学习怎样去保护工人农民的日常利益；第三，苏维埃干部应该学习怎样管理苏维埃政权，怎样管理自己的国家，这是我们过去没有学习过的。瞿秋白还代表全校干部教师，表达了办好这所新型大学的决心。

1934 年 7 月中旬，因红军第五次反"围剿"战争进入最紧张阶段，经人民委员会 7 月 16 日常委会决定，苏维埃大学并入马克思共产主义大学（即中共中央党校），结束了它那短暂而光荣的历史。

尽管从开办到合并，苏维埃大学独立存在的时间还不到一年，但在中国革命史上具有重要的历史意义。首先，将临时中央政府各部所办的训练班集中起来，"集中领导，统一教授与学习"，大大提高了工作效率与教学成效。其次，在短暂的时间内，为各级苏维埃政府培养输送了大批骨干，为苏维埃建设作出了突出贡献。这些学员尽管只在学校接受了几个星期到几个月不等的学习，但无论理论修养还是实际工作能力，都得到了显著的提升，结业后回到各级苏维埃政府的相关部门，都成为骨干力量，在各自的工作岗位上取得了比较突出的成绩，为苏维埃建设做出了突出的贡献。

在苏维埃大学的红色教育中，有许多闪光的东西至今仍熠熠发光。比如，苏区干部教育的战略构想、体制创新、办学方针、人才政策、师资建设、领导方略等方面的思想内核，都具有生命力，值得我们品味、借鉴，传承其精神，温故而创新。

家书无字亦有情

——共和国第九号烈士陈毅安写给妻子的信

　　"如果有一天，你收到一封没有字的信，就表示我已经牺牲了。"这是陈毅安与妻子李志强的约定，也是"无字书"的由来。

　　陈毅安（1905—1930），又名斌，湖南湘阴人。1920年考入湖南省立第一甲种工业学校，1922年加入中国社会主义青年团，1924年加入中国共产党。1926年进入黄埔军校第四期学习，毕业后参加北伐。1927年9月，参加毛泽东领导的湘赣边界秋收起义。上井冈山后，参与保卫井冈山根据地的多次斗争。1930年7月，担任红三军团攻打长沙战役的前敌总指挥，8月7日在战斗中不幸牺牲，时年25岁。

　　陈毅安和妻子李志强一见钟情。1923年，陈毅安在湖

◎　1923年，陈毅安与李志强在湖南长沙合影

南省立第一甲种工业学校读书，回乡拜访他的小学语文老师邹先生时，遇上了师母的外甥女，还在湖南省稻田女子师范读书的李志强。初次见面，两人就对彼此情有独钟。当年中秋，由师母做媒，陈毅安与李志强订下终身。由于革命工作的需要，聚少离多，书信就成为他们交流思想和表达情感的主要方式。

这些家书的写作时间是 1922 年至 1927 年，正是陈毅安投身大革命期间，同时也是他与李志强的热恋期。家书从一个侧面记述了我党建党初期艰苦卓绝的革命历程和重要历史史实。

深爱着陈毅安的李志强，舍不得他流血牺牲，希望他毕业后

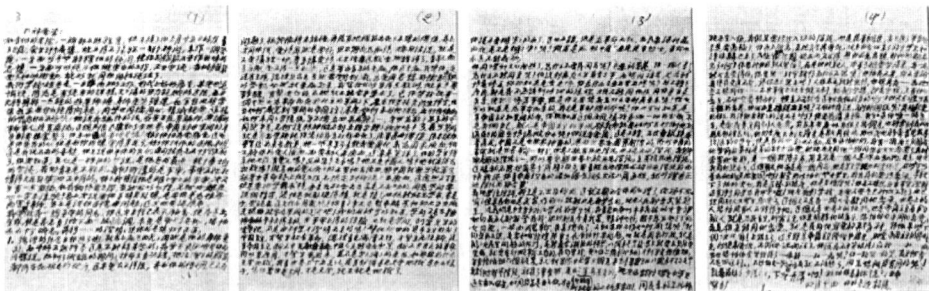

◎ 陈毅安写给李志强的家书

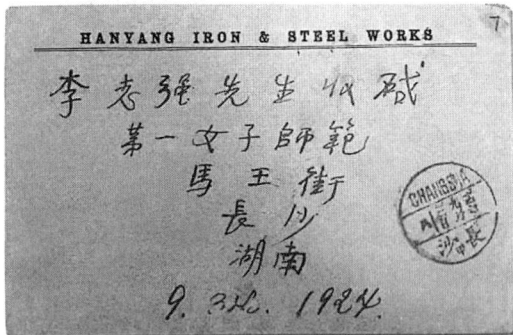

◎ 1924 年 9 月 3 日，陈毅安从汉阳铁厂寄给李志强的信

当教员，不要上前线打仗。陈毅安总是耐心地开导她，并在信中写道："我上次同你说的，爱情固然要好，但不要成为痴情。换句话说，不要牺牲一切来专讲爱情。如果人人不去流血牺牲，那中国就无药可救了。"

陈毅安还在信中表达了对共产主义的坚定信仰，对党和革命事业的无限忠诚："莫名其妙的我，现在已经正式毕业了。重大的军事工作就要担当起来，我是非常恐惧的。但是我们中国，受了帝国主义八十余年来的侵略，事实上是不许可我们求么高深学问，造博士的头衔的，所以我就毅然决然，把我所学的革命技能，不顾一切、切实地工作起来，不达到我的目的地——烈士墓不止。"

1927 年 4 月 12 日，蒋介石在上海发动反革命政变，大肆屠杀共产党员、国民党左派及革命群众。陈毅安在 18 日的信中写道："我们的军队要与反动派的军队在广东英德一带决一死战。"

7 月 15 日，汪精卫在武汉发动反革命政变，与南京蒋介石政府同流合污。在 8 月 9 日的信中，陈毅安记述了随部队离开武汉开赴南昌的情景。9 月 20 日的信则记载了秋收起义军第一团与毛泽东领导的第三团会师浏阳文家市。10 月 3 日的信中记载了秋收起义军奔赴井冈山的艰苦历程。

上井冈山以后，即便在艰苦的行军打仗中，陈毅安始终不忘给李志强寄去锦书。小小的信笺，既承载着他们忠贞不贰的爱情，也传递着陈毅安的革命理想："我天天跑路，钱也没得用，衣也没得穿，但是心情非常愉快，较之从前过优越生活的时代好多了，因为是自由的，绝不受任何人的压迫。但最忧闷、最挂心、最不安心的，就是不能单独同你坐在一起，而且信都很难同你通了。这是何等的痛苦啊！"

1929 年，陈毅安在井冈山斗争中受伤，秘密回到湖南老家养伤，终于迎娶了心爱的姑娘。国难当头，陈毅安只能将爱情珍藏在心底，没过多久，又挥别妻子重返战场。

1930 年，陈毅安在指挥部队撤出长沙时壮烈牺牲，年仅 25

岁，他贴身的唯一遗物就是这张被鲜血浸透了大半的结婚照。而这一切，李志强并不知晓。

1931年3月，李志强收到来自上海的一封信，信封上是陈毅安的亲笔字。看到这熟悉的字迹，她欣喜地把信拆开，可信封里却只装着两页素白信纸，没有任何文字，顿时伤心欲绝。

陈毅安生前与李志强约定，他会把一封没有写字的信交给战友，如果他牺牲了，就由战友把信寄给她。没有谁生而英勇，陈毅安也曾暗自悲伤。"恐怕他人笑我没有革命的勇气，而不敢流泪"，但他深知，唯有自我牺牲才能"建筑一个光明灿烂的国家"。

收到"无字书"后，李志强望穿秋水，却再也没有接到丈夫的下一封来信。在兵荒马乱中，她带着刚出生的儿子陈晃明东躲西藏，这些书信成为她的精神支柱。她也曾四处寻找显字药水，祈祷着这只是一封密件，而不是绝笔书。

1937年9月，李志强带着一丝希望，给延安八路军总部去了一封信，询问丈夫的情况。20天后，她收到八路军副总指挥彭德怀的亲笔回信："毅安同志为革命奔走。素著功绩，不幸在1930年已阵亡……"噩耗传来，李志强泪流满面、泣不成声。

◎ 1927年，陈毅安与李志强在广东韶关合影

1951年3月，毛泽东亲

196

自签发新中国前十名革命烈士荣誉证书，陈毅安名列第九。1958年，彭德怀为陈毅安题词："生为人民生的伟大，死于革命死得光荣！"

1963 年和 1983 年，陈毅安烈士的夫人李志强和儿子陈晃明将他们珍藏的 54 封烈士家书和两件烈士名片捐赠给中国革命博物馆。

这些家书，寄托了青年恋人相濡以沫的情感，也记述了陈毅安投身大革命的心路历程，以及他对中国共产党的忠诚和舍小家为大家的崇高品德，"我们要牺牲一切来做革命工作，来为一般受痛苦的人谋利益、谋解放"，陈毅安用自己的行动践行了革命者的崇高爱情观。

陈毅安与李志强的爱情，没有花前月下的呢喃细语，但他们以生命和鲜血，谱写了革命时期爱情的真挚与伟大。1983 年，李志强病逝于北京。遵其遗愿，后人将她的骨灰和陈毅安的遗骨合葬于井冈山龙市，他们终于可以安安静静地倾诉对彼此的思念和深情。

"渡尽劫波兄弟在"

——《中共中央为公布国共合作宣言》

华北事变以后，中日民族矛盾逐渐上升为主要矛盾，抗日救亡斗争在全国范围内迅速兴起。中国共产党审时度势，以民族利益为重，在1935年12月的瓦窑堡会议上，明确提出了建立广泛的抗日民族统一战线的决策。

与此同时，南京国民政府迫于各方面的压力，也不得不筹划某些抗战的准备。对外，蒋介石希望改善与苏联的关系，从苏联得到支持和帮助。对内，企图采用"剿""抚"并用的两手策略，尽快"收编"红军，达到"溶共"目的。但是，蒋介石"攘外必先安内"的方针并没有根本改变。1936年12月4日，蒋介石亲赴西安，逼迫张学良、杨虎城率部"剿共"。张学良、杨虎城在向蒋介石要求抗日遭拒后，于12月12日凌晨，采取了"兵谏"，扣留了蒋介石，并通电全国，提出停止内战、一致抗日等八项主张。这就是震惊中外的西安事变。

中共中央以中华民族团结抗日的大局为重，确定了和平方式解决西安事变的方针。据此，周恩来与张学良、杨虎城共同努力，经过谈判，迫使蒋介石作出"停止剿共，联红抗日"的承诺。

西安事变的和平解决，成为时局转换的枢纽，对促成以国共两党合作为基础的抗日民族统一战线的建立起到了重要作用。从

◎ 1937 年清明节，国共两党代表祭奠黄帝陵并合影

此，十年内战的局面基本结束，国内和平初步实现。在抗日的前提下，国共两党实行第二次合作已成为不可抗拒的大势。

1937 年 2 月 10 日，中共中央致电国民党三中全会，提出了实行国共两党合作抗日的五项要求和四项保证。然而，蒋介石企图从组织上把共产党溶化于国民党内，控制中共领导的军队和边区，几次谈判最终都未获结果。

1937 年的清明节，对陕西省桥山黄帝陵来说，是一个很特殊的日子。经历十年内战，共处日寇蚕食、民族危亡之秋的中国共产党和中国国民党，首次派代表共同祭奠黄帝陵。

此时，恐怕就连日本侵略者也没料到，谈判未获结果，曾遭遇国民党五次"围剿"的中国共产党，竟会以"兄弟阋于墙，外御其侮"的精神，捐弃前嫌，一致对外。4 月 17 日，中共中央发布《告全党同志书》，提出"联蒋抗日"和"国共合作"的主张。

正当中共方面为即将到来的谈判进行准备的时候，卢沟桥事变爆发，全国抗战形势骤紧。在事变发生的第二天也就是 7 月 8 日下午，蒋介石收到毛泽东、朱德、周恩来等人联名电报："红军将士愿在委员长领导之下为国家效命，与敌周旋，以达保地卫国之目的。"

7 月 14 日，周恩来、秦邦宪、林伯渠再次来到庐山，准备与国民党进行谈判。17 日上午，一身戎装的蒋介石面对 100 多名各党派代表、各界名

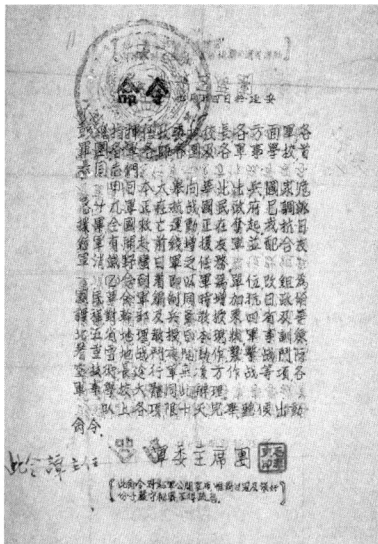

◎ 1937 年 7 月 14 日，中革军委主席团关于红军改编为国民革命军及加强抗日教育问题的命令

流正式发表《抗战宣言》，郑重宣布："战争既开之后，我们只有牺牲到底，抗战到底，若是彷徨不定，妄想苟安，便会陷民族于万劫不复之地；如果放弃尺寸土地和主权，便是中华民族的千古罪人！……如果战端一开，那就是地无分南北，年无分老幼，无论何人，皆有守土抗战之责任，皆因抱定牺牲一切之决心！"会场不时响起热烈的掌声，四万万同胞要求抵御外侮的呼声终于有了回音！

当天下午，周恩来、秦邦宪、林伯渠来到"美庐"别墅，与蒋介石、邵力子、张冲举行国共合作谈判。周恩来提议将《中共中央为公布国共合作宣言》作为国共两党合作的政治基础，并尽快发动全国抗战。但蒋介石态度依然十分傲慢，双方就红军改编后的指挥与人事权问题发生激烈争论，谈判陷入僵局。

7月29、30日，随着北平、天津相继沦陷，蒋介石终于发表《告抗战全军将士书》，声称："和平既然绝望，只有抗战到底。"

民族危亡迫在眉睫，红军改编已是刻不容缓。周恩来和博古立即赶赴陕西泾阳县云阳镇，出席红军前敌总指挥部召开的高级干部会议，共议红军改编、出动抗日的问题，并同朱德、彭德怀、任弼时等商定红军改编中的编制、分布、干部配备等问题。

与此同时，蒋介石指派康泽加入国共会谈。就在康泽与周恩来会谈的第二天，"八一三"淞沪抗战爆发，上海军民奋起抵抗，战火逐步向国民政府所在地南京蔓延。在全国人民要求抗战的压力下，国民政府外交部于8月14日发表声明，"中国为日本无止境之侵略所逼迫，兹已不得不实行自卫，抵抗暴力"。

大敌当前，蒋介石心中的那点侥幸彻底破灭，国共谈判中久拖不决的问题，终于迎来解决的契机。周恩来紧紧把握时机，立即向中共中央请示，在将要进行的谈判中应努力达到：（一）努力抗战，以巩固蒋介石的抗战决心；（二）红军立即改编，争取开动；（三）力争发表《中共中央为公布国共合作宣言》；（四）催促发表正副总指挥。

为了迎接国共合作抗战的新形势，中共中央于8月22日至25日在陕北洛川召开政治局扩大会议，讨论通过彻底战胜日寇的《抗日救国十大纲领》和《中央关于目前形势与党的任务的决定》，要求共产党员及党所领导的武装力量最积极地站在斗争的最前线，"应该使自己成为全国抗战的核心，应该用极大的力量发展抗日的群众运动"①。

---

① 《中央关于目前形势与党的任务的决定》（1938年8月25日），《中共中央抗日民族统一战线文件选编》（下），档案出版社1986年版，第35—36页。

◎ 1937年8月25日中共中央革命军事委员会发布的改编命令

　　8月25日，中央军委主席毛泽东、副主席朱德、周恩来根据国共第一次南京谈判的结果，发布红军改编为国民革命军第八路军的命令，任命朱德为八路军总指挥、彭德怀为副总指挥、叶剑英为参谋长、左权为副参谋长，任弼时为政治部主任、邓小平为副主任。第八路军下辖第一一五师、第一二〇师、第一二九师：以原红军第一方面军和第十五军团为主，编为第一一五师，林彪为师长，聂荣臻为副师长，周昆为参谋长，罗荣桓为政训处主任，萧华为副主任；以原红军第二方面军为主，编为第一二〇师，贺龙为师长，萧克为副师长，周士第为参谋长，关向应为政训处主任，甘泗淇为副主任；以原红军第四方面军为主，编为第一二九师，刘伯承为师长，徐向前为副师长，倪志亮为参谋长，张浩为政训处主任，宋任穷为副主任。八路军共4.6万人。

　　同日，朱德和彭德怀发表就职通电，向全国人民庄严宣布：八路军即将"追随全国友军之后，效命疆场，誓死驱日寇，收复失地，为中国之独立自由幸福奋斗到底"。①

洛川会议后，经博古、叶剑英与康泽等进一步交涉，中国国民党方面做出让步，同意照中共意见重新修改宣言，以同时发表中共宣言与蒋之谈话的方式来宣布共产党之合法化，确定高级参谋为联络性质，同时对边区政府行政首长以丁惟汾暂不到职，由林伯渠代理正职的方式表示妥协。这样一来，中共中央所争取的目标实际上已基本达到。

9月11日，国民政府军事委员会按全国陆海空军战斗序列（把各"路军"改编为"集团军"），并下达命令：将八路军改称国民革命军第十八集团军，八路军总部改称第十八集团军总司令部。朱德改任总司令，彭德怀改任副总司令。但八路军的称呼，仍被广大指战员和人民群众习惯地沿用下来。

八路军臂章有多种版式，佩戴在军衣左袖上臂部位。最早的八路军臂章为长方形，长8.5厘米，宽6.5厘米，白色麻布底，蓝色印制，中间有"八路"两字。改名后制作的"十八集团军"臂章，其图案设计、款式大小与前种基本相同，仅将中间的"八路"两字改为"十八集团军"字样。背面印有部别、职别、姓名、

◎ 陆军第十八集团军臂章和总司令部证章

---

① 《第八路军总指挥副总指挥就职通电》（1937年8月25日），《第二次国共合作的形成》，中共党史资料出版社1989年版，第254页。

编号等栏，仅局限于八路军少数部队佩戴。后又制作"18G.A."臂章，"G.A."即集团军的英文缩写。

9月18日晚，八路军副参谋长左权在山西稷山县给叔父的信中写道："我牺牲了我的一切幸福，为我的事业奋斗。请你相信这一道路是光明的、伟大的。"这掷地有声的话语，抒发了一个共产党员为民族独立、人民解放而矢志不

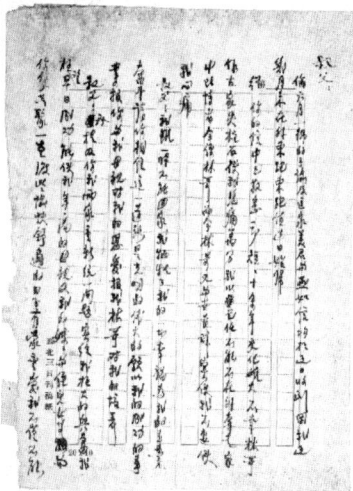

◎　左权在山西稷山县写给叔父的信

渝奋斗的远大抱负。他在信中还写道："日本已动员全国力量想灭亡中国。中国政府为自卫应战，亦已摆开了阵势，全面的战争已打成了，这一战争必然要持久下去，也只有持久才能取得抗战的胜利。红军已改名为国民革命军，并改编为第八路[军]，现又改编为第十八集团军。我们的先头部队早已进到抗日的前线，并与日寇接触。后续部队正在继续运送，我今日即在上前线的途中。"

9月22日，中国国民党中央通讯社向全国播发了《中共中央为公布国共合作宣言》，并在《中央日报》上刊载。宣言写道："中国共产党中央委员会谨以极大的热忱向我全国父老兄弟诸姑姊妹宣言，当此国难极端严重民族生命存亡绝续之时，我们为着挽救祖国的危亡，在和平统一团结御侮的基础上，已经与中国国民党获得了谅解，而共赴国难了。这对于我们伟大的中华民族前途有着怎样重大的意义啊！因为大家都知道，在民族生命危急万

状的现在，只有我们民族内部的团结，才能战胜日本帝国主义的侵略。现在民族团结的基础已经定下了，我们民族独立自由解放的前提也已创设了，中共中央特为我们民族的光明灿烂的前途庆贺。"

宣言向全国同胞提出了三大奋斗目标，即关于民族、民权、民生三大政治纲领：（一）争取中华民族之独立自由与解放。首先须切实地迅速地准备与发动民族革命抗战，以收复失地和恢复领土主权之完整。（二）实现民权政治，召开国民大会，以制定宪法与规定救国方针。（三）实现中国人民之幸福与愉快的生活。

宣言郑重向全国公布了中共早已向中国国民党方面作出的、并正在逐步实施的"四项保证"，说明"本党这种光明磊落大公无私与委曲求全的态度，早已向全国同胞在言论行动上明白表示出来，并且已获得同胞们的赞许"[1]。宣言最后号召全国同胞：在国共合作的基础上，为巩固民族的团结，为推翻日本帝国主义的压迫而奋斗。

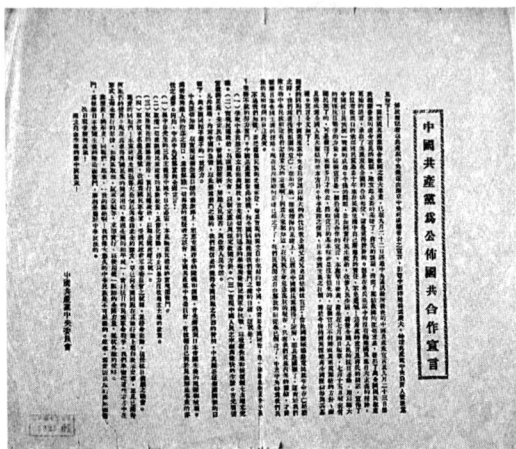

◎ 《中国共产党为公布国共合作宣言》

9月23日，蒋介石发表《对中国共产党宣言的谈话》承认，"此次中国共产党发表之宣言，即为民族意识胜过一切之例证"；认为宣言所举诸项"均与本党三中全会之宣言

---

[1] 《中共中央为公布国共合作宣言》，《周恩来选集》上卷，人民出版社1980年版，第77—78页。

及决议案相合";表示"余以为吾人革命所争者,不存个人之意气与私见,而为三民主义之实行;在存亡危急之秋,更不应计较过去之一切,而当使全国国民彻底更始,力谋团结,以共保国家之生命与生存"①。蒋介石谈话的发表实际上承认了中国共产党在全国的合法地位。

在蒋介石谈话发表后的第三天,张闻天、毛泽东代表中共中央发出《关于国共两党抗日民族统一战线建成后宣传内容的指示》,指出:"这个宣言不但将成为两党团结的方针,而且将成为全国国民大团结的根本方针。中华民族之复兴,日本帝国主义之打倒,将于今后的两党团结与全国团结得到基础。"

这个指示对蒋介石的谈话也给予高度的评价,指出:"蒋谈话指出了团结救国的深切意义,确定了共产党在全国的合法地位,发出了'与全国国民彻底更始'的诺言。"同时,中共中央也尖锐指出,蒋介石的谈话"还表现着自大主义精神,缺乏自我批评,未免遗憾。今后问题是彻底实现三民主义及与三民主义相结合的中共提出的十大纲领"②。

---

① 南京《中央日报》1937 年 9 月 24 日。

② 《关于国共两党抗日民族一统战线建成后宣传内容的指示》(1937 年 9 月 25 日),《中共中央抗日民族统一战线文件选编》(下),档案出版社 1986 年版,第 43—44 页。

"救死扶伤，实行革命的人道主义"

——白求恩用过的 X 光机

亨利·诺尔曼·白求恩（Henny Norman Bethune，1890—1939），加拿大共产党员，国际共产主义战士，著名胸外科医师。1890 年 3 月 3 日生于加拿大安达略省格雷文赫斯特镇一个牧师家庭。1916 年他毕业于多伦多大学医学院，曾在欧美一些国家观摩、实习。1922 年被录取为英国皇家外科医学会会员。1933 年被聘为加拿大联邦和地方政府卫生部门的顾问。1935 年被选为美国胸外科学会会员、理事。白求恩的胸外科医术在加拿大、英国和美国医学界享有盛名。

1935 年 11 月，白求恩加入加拿大共产党，并于 1936 年冬志愿去西班牙参加反法西斯斗争。全民族抗日战争爆发后，为了援助中国人民的解放事业，1938 年 3 月底，受加拿大共产党和美国共产党派遣，他率领一个由加拿大人和美国人组成的医疗队来到延安。第二天晚上，毛泽东在凤凰山麓

◎ 白求恩的自画像

的窑洞里亲切地会见了他。

当白求恩在翻译的陪同下来到毛泽东的窑洞门口时，毛泽东已迎出来了，对白求恩和医疗队来到中国表示热烈欢迎。谈话进行了三个小时。白求恩回到凤凰山下的住处，把这次会见的情况详细地记录下来："我在那间没有陈列的房间里和毛泽东面对面坐着，倾听他从容不迫的言谈的时候，我回想到长征，想到毛泽东和朱德在那伟大的行军中怎样领导红军经过两万五千里长途跋涉，从南方到了西北丛山里的黄土地带。由于他们当年的战斗经验，使得他们今天能够以游击战来困扰日军，使侵略者的优越武器失去效力，从而挽救中国。我现在明白为什么毛泽东那样感动每一个和他见面的人。这是一个巨人！他是我们世界上最伟大的人物之一。"

这台美国制造的 X 光机就是白求恩率医疗队来华时随身携带的医疗器械之一。在离开延安转赴晋察冀抗日根据地前，考虑到此行需要跋山涉水经过敌人的重重封锁，且许多地方没有电源，白求恩就把这台随身携带的 X 光机留在了延安。1950 年华北军区后勤部把它拨交中国革命博物馆（现为中国国家博物馆）收藏。

1938 年 5 月 1 日，白求恩离开延安。带着 17 头牲口驮着的器械、药品，于 5 月 14 日首先来到陕西省神木县贺家川一二〇师后方医院第三所，在这里连续工作 5 天，为 50 多名重伤员做了手术，帮忙搭建了一个手术室，解决了一些

◎ 白求恩用过的 X 光机

医疗器械问题，还给医务人员上课，提高换药技术等。八路军的医务人员第一次接触到了输血技术。当时，白求恩给一个重伤员做截肢手术，需要输血治疗，可是当时的人没有见过也没有听说过输血，都很害怕，不敢主动献血。白求恩就果断地说："我是O型血，万能输血者，抽我的吧！"并给大家讲解输血技术的原理，鼓励大家："如果我们能用自己的鲜血，救活一个战士，就胜于打死10个敌人。"在白求恩的带动下，又有一个医生和两个护士给伤员输了血。大家看到，伤员输过血后几天就大有起色，而大夫们也照样神采奕奕，这才放下心来，踊跃报名参加献血。前线很快就成立了一个流动血库，被白求恩称为"人民血液银行"。

6月17日，白求恩一行抵达晋察冀敌后抗日根据地。上午10点钟的金刚库村村头，包括聂荣臻司令员在内的军民近千人列队欢迎。聂荣臻回忆说，"白求恩确实是一个伟大的人物。他的工作精神是非常感动人的，一到晋察冀，立即去松岩口创办模范医院，后来，又穿过封锁线，到了冀中平原。他作为军区卫生顾问，为晋察冀边区医疗卫生事业的发展想了许许多多的办法，培训了一批又一批的医疗卫生骨干，亲自抢救了无数个生命垂

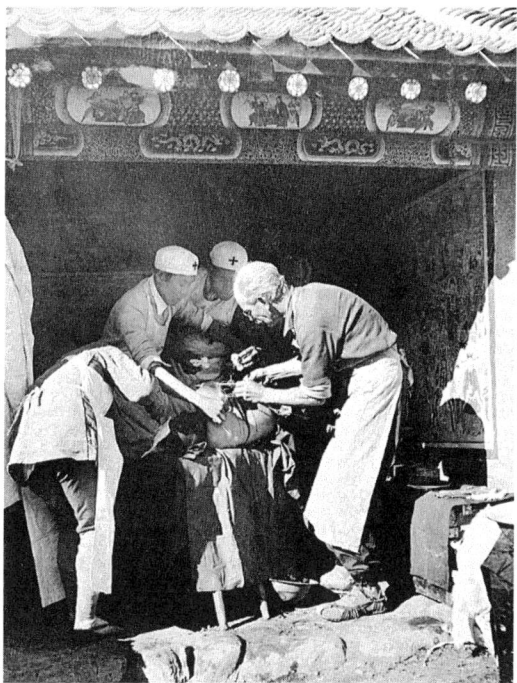

◎ 白求恩在给伤员做手术

危的伤员。"

白求恩经常说：时间就是生命，我们要到伤员那里去，不要让伤员来找我们。到边区的第二天，白求恩就投入到紧张的战斗中。为减少伤员的痛苦，他组织战地流动医疗队出入火线救死扶伤，把手术台设在离火线最近的地方，以惊人的毅力和高超的医术，抢救了无数生命垂危的伤员。

到达晋察冀前线不久，毛泽东特意从延安打电报给聂荣臻，要他每月发给白求恩100元生活津贴。得知消息后，白求恩立即拒绝。他在日记里这样写道："我想我有好久没有这样快乐了，我很满足，我正在做我所要做的事情。这里需要我。我没有钱，也不需要钱，可是我万分幸运，能够来到这些人中间，在他们中间工作。"

1939年2月，白求恩率领"东征医疗队"到冀中前线救治伤员，不顾日军炮火威胁，连续工作69个小时，总共给115名伤员做了手术。有些伤员分散在游击区居民家里，他和医疗队冒着危险去为他们做手术。在伤员急需输血时，他还主动献血300毫升，并倡议成立志愿输血队。在4个月的时间里，白求恩带领医疗队行程1500余里，做手术315次，建立手术室和包扎所13处，救治伤员1000多名。

为了适应战争环境，方便战地救治，组成流动医院，白求恩组织制作了药驮子，可装100次手术、换500次药和配制500个处方所用的全部医疗器械和药品，被称为"卢沟桥药驮子"。他制作的换药篮也被称为"白求恩换药篮"。

7月初，白求恩回到河北西部山区参加军区卫生机关的组织领导工作，提议开办卫生材料厂，解决了药品不足的问题。为了提高部队和根据地医务人员的业务水平，他创办了卫生学校，培养了大批医务干部，编写了《游击战争中师野战医院的组织和技术》《战地救护须知》《战场治疗技术》《模范医院组织法》等多种战地医疗教材。此外，白求恩还将自己的显微镜、手术器械和一批药品捐赠给军区卫生学校。

1939 年 10 月下旬，在涞源县摩天岭战斗中抢救伤员时，白求恩的左手中指被手术刀割破，后来给一个伤员做手术时不慎受到感染。手部受伤的白求恩，本可以在后方医院休息。但他坚持工作，不幸伤口受到了致命感染。高烧中的白求恩依然硬撑着给伤员看病，甚至在黄土岭战斗打响后，又率领医疗队奔赴前线，最终体力不支被强行抬离战场。

预感时日无多的白求恩于 11 月 11 日，颤抖着写下了给聂荣臻的最后一封信：

"亲爱的聂司令：

我今天觉得非常不好——也许就要和你们永别了。

请转告加拿大和美国共产党，我在这里十分愉快，我唯一的希望是能多有贡献！

请转告加拿大人民和美国人民，最近两年是我生平中最愉快、最有意义的时日！"①

虽然在华的工作时间只有短短两年，白求恩这个名字却镌刻在了中国人民永恒的历史记忆中。11 月 17 日，晋察冀边区党、政、军领导机关和驻地群众为白求恩举行了隆重的葬礼。12 月 1 日，延安各界举行追悼大会，毛泽东亲笔题写挽词："学习白求恩同志的国际主义精神，学习他的牺牲精神、责任心与工作热忱。"

---

① 《聂荣臻回忆录》，解放军出版社 1986 年版，第 489 页。

◎ 《诺尔曼·白求恩纪念册》

12 月 21 日，毛泽东为八路军政治部、卫生部将在 1940 年出版的《诺尔曼·白求恩纪念册》撰写了《学习白求恩》一文。书中还收入朱德的《追悼白求恩同志》、王明的《纪念白求恩同志》、中国共产党中央委员会的《慰问白求恩医师家属电》等 6 篇文章。毛泽东在《学习白求恩》一文中高度赞扬了白求恩的共产主义、国际主义精神，号召每一个共产党员向他学习。该文在新中国成立后编入《毛泽东选集》第二卷时，标题改为《纪念白求恩》。

毛泽东在文章中庄重地指出："一个外国人，毫无利己的动机，把中国人民的解放事业当作他自己的事业，这是什么精神？这是国际主义的精神，这是共产主义的精神，每一个中国共产党员都要学习这种精神。"毛泽东还特别指出："一个人能力有大小，但只要有这点精神，就是一个高尚的人，一个纯粹的人，一个有道德的人，一个脱离了低级趣味的人，一个有益于人民的人。"

这样的评价，是站在白求恩的人生终点的角度对白求恩进行的全面而准确的总结。虽然白求恩已经逝世，但那台他曾经用于救死扶伤的 X 光机和他留在晋察冀大地的足印，无疑是这段历史的最好见证。

中国共产党的"黄埔军校"

——中国人民抗日军事政治大学

"黄河之滨，集合着一群中华民族优秀的子孙，人类解放，救国的责任，全靠我们自己来担承。同学们，努力学习，团结紧张严肃活泼，我们的作风；同学们，积极工作，艰苦奋斗，英勇牺牲，我们的传统。像黄河之水，汹涌澎湃，把日寇驱逐于国土之东！向着新社会前进，前进，我们是抗日者的先锋！"

这豪迈激越的旋律，坚定自强的誓言，就是著名的抗大校歌。

中国人民抗日军事政治大学的前身是 1933 年 11 月在江西瑞金成立的中国工农红军大学，1936 年 6 月恢复开学后，更名为中国人民抗日红军大学，校址设在瓦窑堡，后迁至延安，再次更名为中国人民抗日军事政治大学（以下简称抗大），校长仍是林彪，副校长是刘伯承，教育长是罗瑞卿。由于学员数量的增加和学校的扩大，为加强领导，中央军委决定成立抗大教育委员会，毛泽东兼

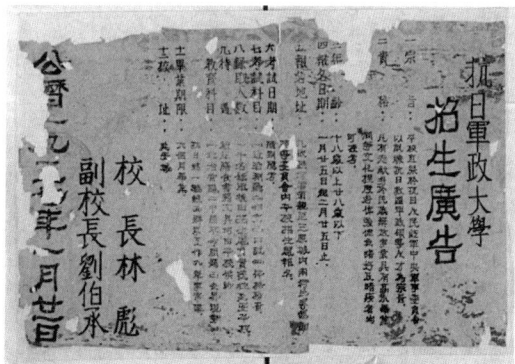

◎ 1937 年 1 月 21 日，抗大的招生广告

221

任委员会主席，直接领导学校的教育和建设工作。

这是 1937 年 1 月 21 日，抗大贴出的招生广告，上面写道：学习期限是六个月，凡是十八岁以上，二十八岁以下，有志于献身于民族解放事业的青年都可以报名，落款的正副校长分别是林彪和刘伯承。虽然，招生广告上标注的考试科目只有政治、作文、口试和体格。然而学员们想要到延安踏进抗大校门，还要经历另一重考验，那就是日寇飞机狂轰滥炸。美国记者斯诺在《西行漫记》中感叹，"校舍完全不怕轰炸的这种'高等学府'，全世界恐怕只有这么一家。"然而，艰苦的生活条件却挡不住爱国青年奔赴延安的坚定脚步。"打断骨头还有肉，割掉皮肉还有筋，只要还有一口气，爬也爬到延安城"，这是许多青年的心声。

1937 年 1 月 21 日，抗大举行开学典礼，开始了第二期的教学。第二期共设四个大队，学员 1362 人，加上甘肃庆阳的抗大步校 1400 余人，共 2700 余人。其中一、二队是红军的团、师、军干部，如陈赓、杨得志、周子昆、何长工、冼恒汉、曾希圣、罗炳辉、赖传珠、王维舟、姚继鸣、邵式平、周纯全、王诤、刘希平、刘型、罗华生、张经武、叶绍华、李干辉、王尚荣、戴玉林、戴季英、黄春圃、谢朝文、陈克寒、姚喆、伍云甫、谢高、张际春、陈奇涵、倪志亮等。西安事变后，原东北军和西北军的一部分爱国军人也奔赴延安进入抗大学习，其中就有张学良将军的弟弟张学诗、张学明，杨虎城将军的儿子杨拯民等。

◎ 中国人民抗日军事政治大学校门

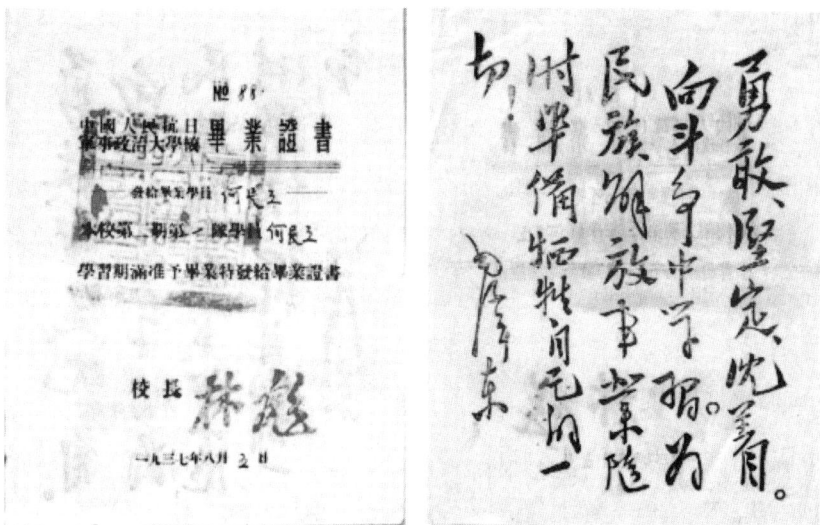

◎ 何长工的抗大二期毕业证书，上面有毛泽东的题词："勇敢、坚定、沉着。向斗争中学习。为民族解放事业随时准备牺牲自己的一切！"

三至八队是红军的连、营干部队，共 753 人。九至十四队为青年学生，共 609 人，编为四大队。四大队的学员大都来自国民党统治区，主要是北平、天津等地参加"一二·九"抗日救亡运动的爱国青年学生。另外还成立一个女生区队共 59 人，其中有贺子珍、康克清等。

自此，延安的山山峁峁间，活跃了一批批心存报国志的热血青年。

何长工回忆说，"抗大第二期可以说是最关键的一期，它是在新的斗争形势面前开学的，它负责培养比以往任何一个时期都较全面的干部任务。因此，党中央、毛泽东等领导同志十分重视。开学那天，毛泽东同志亲临会场，并作了重要讲话。他说：'抗大是一块磨刀石，把那些小资产阶级的意识——感情冲动、粗暴浮躁、没有耐心等等，磨它个精光，把自己变成一把雪亮的利刃，去革新社会，去打倒日本。'开学不久，成立了以毛泽东同志为主席的教育委员会，政治部、训练部也先后建立起来。特别有意义的是毛主席第一次提出了抗大的教育方针：'坚定正确的政治方向，艰苦朴素的工作作风，灵活机动的战略战术'；规定了'团结、紧张、严肃、活泼'的校风。为抗大的建设和后来的发展指明了方向，奠定了基础。"①

从红大第一期到抗大二期、三期、四期，校址都是在党中央所在地附近，中央领导同志经常来学校讲课或作报告，关心学校的建设。毛泽东对抗大的教育尤为重视，在工作十分紧张的情况下，除了参加决定学校重大问题和活动，还经常亲临学校讲课。

和平解决西安事变后，在给抗大学员的报告中，毛泽东讲了一个"毛驴上山"的故事。"陕北毛驴很多，让毛驴上山有三个办法，一拉、二推、三打。蒋介石是不愿意抗战的，我们就采取对付毛驴的办法，拉他、推他，再不干就打他。西安事变就是这样。我们党领导全国人民抗战是矛盾的主要方面，起决定作用的是我们，国共合作是大势所趋。但是，驴子会踢人的，我们又要提防它，这就又要联合又要斗争。"②

学员们听了之后，思想豁然开朗。

当时抗大的课程主要有政治理论课，如列宁主义概论、政治经济学、哲学、中国革命史等；也开设有一些军事课，如游击战术、军事操练等。为了进一步加强抗大的建设，明确抗大的工作方向，毛泽东除亲自担任抗大教育委员会主席之外，还为学校选

---

① 《何长工回忆录》，解放军出版社1987年版，第369页。
② 《何长工回忆录》，解放军出版社1987年版，第374页。

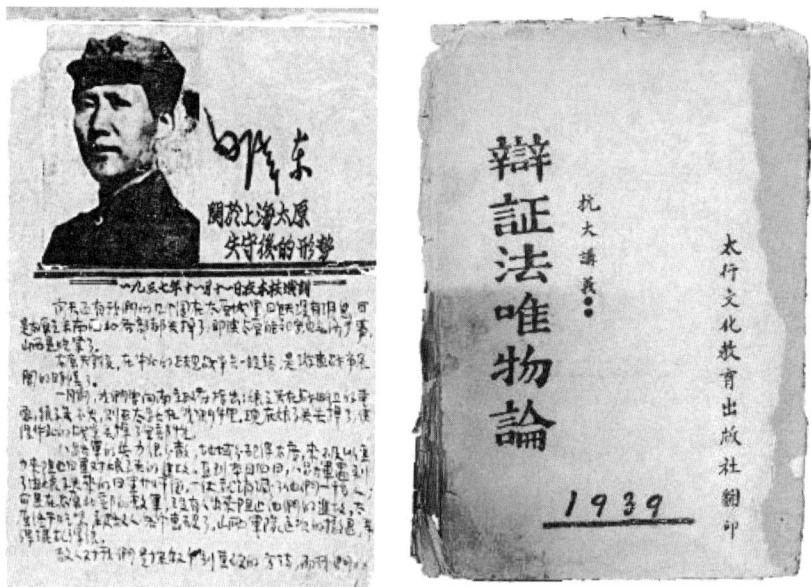

◎ 毛泽东在抗大讲授的《关于上海太原失守后的形势》和《辩证法唯物论》

调了一批经历过战争考验，具有军事或政治工作经验的干部到校工作。例如罗瑞卿、张际春、滕代远、李井泉、彭绍辉、许光达、莫文骅、李志民等。同时还又从大后方请了艾思奇、何思敬、任白戈等学者到抗大任教。

在战争年代里，抗大的学习生活非常艰苦。但学员们以窑洞为教室，以石头砖块为桌椅，以石灰泥土糊的墙为黑板，白天苦练杀敌技能，晚上伏案苦读。当时，"边生产边学习，边战斗边学习"成了抗大最为明显的办学特色。对此，毛泽东指出："我们应当把世界进步的情况和光明的前途，常常向人民宣传，使人民建立起胜利的信心。同时，我们还要告诉人民，告诉同志们，道路是曲折的。在革命的道路上还有许多障碍物，还有许多困难。"

毛泽东常说，抗大教职员是最无私的，一不谋官，二不谋利，

◎ 1938年9月，抗大学生在简易的户外教室上课

把自己的一切都献给了革命，献给了人民，乐得桃李满天下，乐得青出于蓝而胜于蓝。抗大办学9年多，培养10多万英才，这所极其简陋的"窑洞大学"，书写了我党我军教育史上的奇迹。

抗大教职员和学员均着八路军服装，还佩戴一副黄铜做的抗大领章。教职员证章的外轮廓是中国版图的形状，其中东北一角用十八条斜线充填，表示自九一八事变后东北已沦为失地；证章中间两枪相交，一颗五角星衬着中国共产党党徽，显得庄重而又

◎ 抗大师生的领章和教职员证章

神圣。徽章中间标出了醒目的"中国人民抗日军政大学教职员证章"字样，其中"中国人民抗日军政大学"这几个字用线框起来形成了一个锐利的箭头，直指当年被日寇占领的东三省，这也表明了当时抗日军政大学的战斗方向和战斗到底的决心。另一种教职员证章是铜质珐琅，倒三角形，上面大大的五角星徽光芒四射，有黄色和蓝色两种底色，下部镌"教职员证章"铭文。

抗日战争进入战略相持阶段，中共中央召开扩大了的六届六中全会，强调敌后游击战争的战略地位，确定把共产党的主要工作放在敌后和战区。中央决定把抗大分散到各抗日根据地，到敌后办学，在华北、华中各地成立分校。学员们依依不舍，忍着热泪，高唱着《毕业上前线》离开延安："别了，别了！同学们，我们再见在前线！"

第一至五期抗大学员的毕业证章比较规范，大多数是同一规格和图案，为铜材制作，直径3厘米左右，正中影雕红色五角星徽，星徽上镌刻"抗大"校名，左右四个角的黄色空白处刻有毛泽东同志制定的校训："团结、紧张、严肃、活泼"，底部的一个

◎ 抗大学员 1—8 期的毕业证章

角刻有毕业期数和毕业证章铭文。第六至八期的毕业证章的形状与前几期不同。

抗大从创建到 1945 年，总校共举办 8 期，培养军政干部近3 万人。随着抗日战争形势的发展和根据地的扩大，抗大发展到12 所分校，培养和造就了 10 多万德才兼备的军政干部。他们为抗日战争、解放战争的胜利立下了不朽的功勋，并在中华人民共和国成立后的社会主义革命和建设事业中发挥了重要作用。

抗大不仅吸引了国内的广大进步青年，与世界学联代表团成员的互动，也是抗大被国际社会认可的一个突出例子。1938 年 7月，世界学联代表团柯乐满（法国）、莫利·雅德（美国）、雷克难（加拿大）、傅路德（英国）一行四人来到延安，在参观抗大后，被深深地感染并认真地提出了希望成为抗大"名誉学员"的请求。

抗大和它锻造的抗大精神，在抗战烽火中放射出璀璨光芒，不仅铭刻在中华民族的记忆里，也在被追寻中薪火相传。新中国成立后，抗大培养的干部成为新中国的建设者。1955 年，在被共和国授予军衔的军人之中，有 7 名元帅、8 名大将、26 名上将、47 名中将和 129 名少将都曾在抗大工作、学习过。

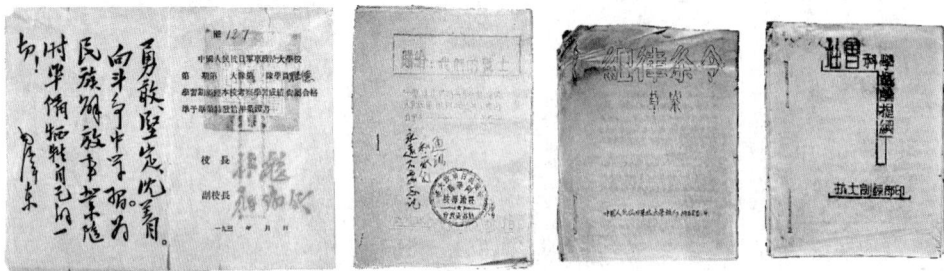

◎ 美国人莫利·雅德的荣誉毕业证书和部分抗大教材及条例

毛泽东曾经这样评价："抗大为什么全国闻名、全世界闻名，就是因为它比较其他的军事学校最革命最进步，最能为民族解放与社会解放而斗争。"抗大的"最革命最进步"，就是中国共产党人初心和使命的一种时代载体。

第一位加入中国共产党的外国人

——美国医生马海德

抗日战争时期，许多国际友人来华支援中国抗战，并与中国人民结下了深厚的友谊。抗战胜利后，有的国际友人割舍不了对这块土地的深情，自愿留在了中国，并且加入了中国国籍。美国医生马海德就是其中的一位，而且有幸成为新中国第一个加入中国国籍的外国人。

马海德，原名乔治·海德姆，祖籍黎巴嫩，1910 年 9 月 26 日出生于美国纽约州布法罗市的一个炼钢工人家庭。贫穷的家境铸就了马海德倔强不屈的性格，1933 年，他在日内瓦大学获得医科博士学位。

对中国的好奇以及强烈的治病救人理想促使乔治下决心到中国去行医。1933 年 11 月，乔治飘洋过海，来到中国这块陌生的土地上。他在上海九江路租房子开了一家诊所。其间，与许多共产国际的进步人士聚在一起，结识了美国女作家史沫特莱、新西兰人路

◎ 瑞士日内瓦大学授予马海德的医科博士学位证书（法文）

233

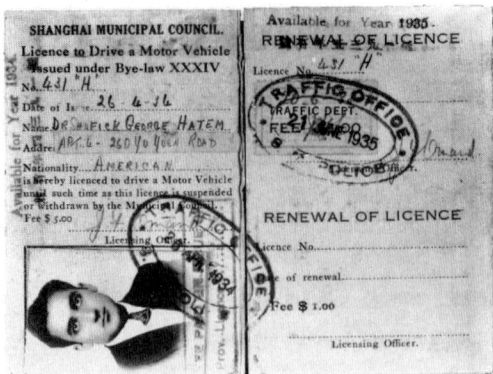

◎ 1934年4月26日，上海市交通管理局签发给马海德的机动车驾驶执照

易·艾黎等，当然还有宋庆龄。

1936年初，宋庆龄告诉马海德，中共中央为打破国民党的严密封锁，准备邀请一位医生帮助革命根据地建立医疗机构，另外邀请一位诚实公正的西方新闻记者到陕北解放区采访。宋庆龄告诉马海德，他的条件非常合适，既是医学博士，又年轻、无家庭牵挂。另一位被选中的西方新闻记者，就是埃德加·斯诺。在宋庆龄的安排下，乔治怀揣半张五英镑的钞票作为接头暗号，奔向延安。

1936年6月初，乔治先到达南京，然后乘车北上转道西安，其目的在于摆脱国民党特务的跟踪。在西安，乔治找到了手持另外半张五英镑钞票的中共地下党员董健吾。在董健吾的安排下，乔治与记者斯诺闯过重重封锁线，辗转来到陕北红军的驻地——安塞。

初到陕北，乔治对于偏僻落后的黄土高坡非常陌生。然而，在与毛泽东等中央领导人会谈以后，他被中国共产党人的乐观精神所感动，立即穿上红军的服装，对根据地的情况进行考察。

几个月后，斯诺完成了采访，离开陕北，之后写出了轰动世界的《红星照耀中国》。而乔治·海德姆则自愿留在了中国工农红军，成为红军的卫生部顾问。

由于乔治懂得阿拉伯语和阿拉伯文字，当地回族群众对他尤为信任和尊重，经常请他到家里吃饭，与他亲切交谈。乔治给当地回族群众看病，传授卫生知识，很快与群众打成一片。红军遂请他帮助做回族群众的工作。于是他把有关我党的民族宗教政策摘译成阿拉伯文字，让红军战士"照猫画虎"地刷在墙上做宣传，这对于号召回族人民支援红军起到了很好的作用。

马海德背着宋庆龄送给他的卫生包，以满腔热情一边紧张地投入诊疗工作，一边进行调查研究。回族群众中姓马的人很多，乔治为了表达同回族兄弟、中国人民友好的心愿，将自己的原名乔治·海德姆改为马海德。这样一改，既保留了原来的美国姓，又增加了边区回族同胞姓氏中常见的"马"字。

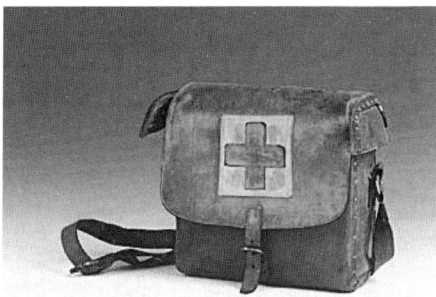

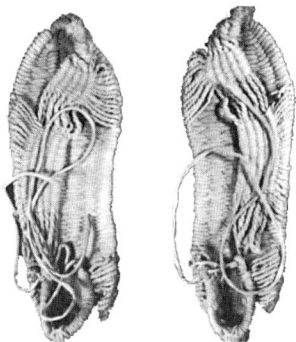

◎ 马海德的卫生包和在延安穿过的草鞋

1937年2月，马海德经吴亮平介绍加入了中国共产党。正如他说的，"从此我能够以主人翁的身份，而不是作为一个客人置身于这场伟大的解放事业之中，我感到极大的愉快。"在1938年至1940年仅仅三年时间里，马海德就为陕北军民治病4万余人次。

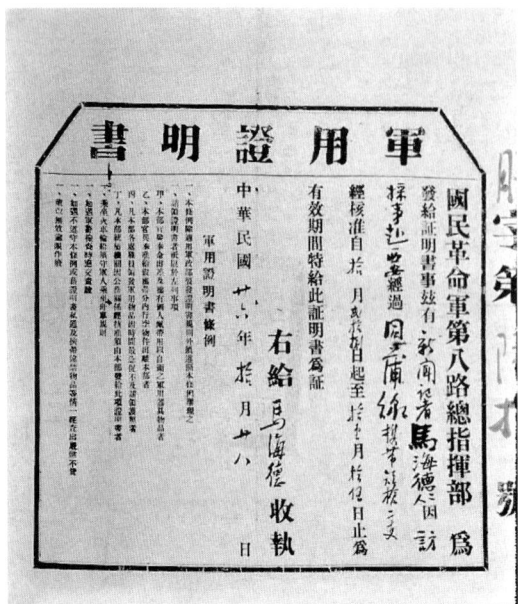

◎ 八路军总指挥部发给马海德的军用证明书

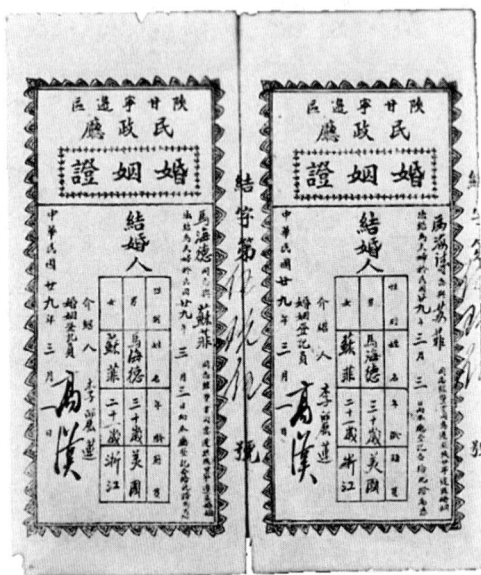

◎ 陕甘宁边区民政厅发给马海德、苏菲的婚姻证（结字第伍玖伍号）

除担任卫生部顾问这一重要职务外，马海德在抗战时期更重要的工作是保证中共中央领导人的身体健康。延安当时是中国抗战的指导中心，汇集了中共中央的领导同志。大部分从前线到延安汇报工作或开会的领导同志，都接受过马海德医生的检查或治疗，他认为："这些同志都是用自己的生命在为中国人民争取未来的幸福生活，我们必须保证他们的健康。"

在长期的革命斗争环境中，毛泽东养成了夜里办公，白天休息的习惯。从医学保健角度，马海德认真帮助毛泽东调整好生物钟，以保证他能够完成对全国抗战的指导工作。时任中共中央军委副主席兼政治部主任的王稼祥也是马海德重点保护的对象，在长期艰苦的革命环境中，王稼祥积劳成疾，患有多种疾病。马海德对症下药，体贴细微。在抗日战争时期，周恩来有一次在骑马时不慎跌落并摔断了右臂，马海德立即组织专家进行会诊，想尽办法帮助周恩来医治，直到去苏联治疗为止。

马海德是个精力充沛、热情洋溢的人。工作之外，他还参加一些文艺活动，唱歌、演戏、跳舞是他的最爱。令马海德高兴的是，他在延安还收获了甜蜜的爱情。

1939年冬，鲁迅艺术学院戏剧系学生周苏菲伤风鼻塞，长期不愈，便到延安城内的医院治疗。那天接诊的恰巧是洋医生马海德，马医生态度非常认真、热情。周苏菲看完病，心怀美好的印象离去，马海德也被这位病人的东方女性美深深打动。第二天，他写了一张便条，托人带给周苏菲：希望她按时吃药，早日康复。周苏菲心里热乎乎的。

当时延安每逢周末，许多单位都举行舞会，各方人士可以自由参加。鲁迅艺术学院坐落在延安城东10里处桥儿沟，利用一座旧天主教堂做舞厅。自从给周苏菲看病后，马海德经常骑马去那里参加周末舞会，并主动邀请周苏菲跳舞。一来二往，两人的感情逐渐加深。

1940年3月3日，30岁的马海德与21岁的周苏菲到边区政府正式登记领取结婚证书。结婚证是在一张纸上分左右两联，本应裁开，男女双方各执一联。但马海德坚决不让撕开，说："我们一辈子也不分开。"领到结婚证后，马海德当即给好友路易·艾黎打电话，说："好朋友，我结婚了，请寄200美元。"收到钱后，马海德在城内饭馆摆了10桌宴请宾客，毛泽东、周恩来等应邀出席。1943年，他们的儿子降生，取名幼马，随母姓周。

除了治病救人之外，马海德十分注重与国际友人的交往，并在对外交流方面同样发挥了积极作用。1937年，马海德担任中共中央外事组和新华通讯社顾问，帮助新华社建立了英语对外广

◎ 1944 年，苏菲与马海德在延安

播，实现中共早期的国际宣传。在延安，马海德是外国友人来访时的义务接待员。他的到来不仅增强了军民对国际友好的信心，也为今后的国际交流工作起到了积极作用。从 1938 年开始，马海德接待了许多外国医疗队和友人，包括白求恩率领的医疗队、印度援华医疗队、德国医生汉斯·米勒、苏联的阿洛夫以及许多外国记者、专家、外交官和军人。

由于马海德的努力，革命根据地和中共情况得以真实地向世界报道，医疗队等工作开展也更加顺畅。此后，无论担任美军观察组顾问、中共代表团医疗顾问，还是从事解放救济工作，马海德总是尽可能向国际友人宣传中共和解放区情况，争取他们的支持。

投身中国革命以后，马海德先后经历了抗日战争和解放战争的洗礼，在不断蔓延的战火中先后办起了卫生部直属医疗所，筹建了陕甘宁边区医院、八路军医院。在马海德与卫生部同志的共同努力下，发展了 8 所中心医院，24 所分院，形成了总计约

11800 张病床的医疗网，为抗日战争及解放战争的胜利立下不朽战功。

新中国成立后，马海德立即提出了加入中国国籍的申请。因为此时的他已经模糊了国别，把自己看作新中国的一分子，他要全身心地投入到新中国的建设中去。

在长期参与中国共产党事业的活动中，马海德深深地被中国共产党所感染，决心以后一定要加入中国国籍。马海德崇高的国际主义精神也赢得了中国政府的尊重。1950 年，在周恩来总理的亲自批准下，他有幸成为新中国第一个加入中国国籍的外国人。对此，马海德感到非常激动，他把全部精力投入到了新中国的建设事业。

1950 年，马海德被任命为中央人民政府卫生部顾问。1953 年，在他的提议下，中国皮肤性病研究所成立，他受命担任中国麻风病防治中心主任，主要从事性病和麻风病的防治和研究工作。20 世纪 60 年代中国政府宣布旧社会遗留下来的性病在中国已经基本灭绝，这与马海德积极从事性病研究和治疗是分不开的。

"文化大革命"期间，虽然受到"四人帮"的迫害，但马海德仍然坚持治病救人的理想。"文化大革命"之后，他集中精

◎ 马海德佩戴过的胸章

力从事麻风病的研究和治疗，为中国治疗麻风病做出了重要的贡献。

1972年1月24日下午，身患重病的美国著名记者埃德加·斯诺凝视着他的好友，我国政府派往日内瓦为斯诺看病的医疗组组长马海德说："乔治，我羡慕你！我羡慕你走过的道路，我常想，如果当时我也像你一样留在延安，我今天的境况将是怎样的呢？"

1988年，78岁的马海德带病坚持工作，终因体力不支病倒，10月3日与世长辞。临终前，他满怀深情地对亲友们说："如果让我重新开始生活，我还是要选择这条道路，这是毫无疑问的。"

依照他的遗嘱，妻子苏菲把他的骨灰洒进流进延安的延河，洒在那个奉献了他全部青春岁月的地方。

中共第一次亮相重要国际政治舞台

——董必武出席联合国制宪会议

抗日战争时期，中国共产党虽然不是执政党，但作为中国一股重要的政治力量，同时也是世界反法西斯的重要力量，越来越被国际社会重视和承认。

1944 年 7、8 月，美军观察组一行 17 人在包瑞德上校的率领下，分两批到达延安。美军观察组全称是"美军中缅印战区驻延安观察组"，下设政治情报组、陆军情报组、海军情报组、气

◎ 1944 年 8 月 24 日，叶剑英陪同美军观察组在南泥湾视察 359 旅部队

象组和营救组，是美国派往中共的第一个官方代表团，他们的主要任务是将中国共产党的政治、经济、军事等多方面情况反馈给华盛顿最高决策层。

此后的两年多时间里，美军观察组在艰苦简陋甚至危险残酷的环境中，与广大的抗日军民朝夕相处，并肩作战。他们深入敌后根据地，在黄土高原的窑洞里、冀中平原的地道中、太行山区的小路上行进，对中共和敌后根据地展开了全方位的考察。在抵达延安的第6天，美军观察组的"政治顾问"谢伟思写下了他的第一份报告："我们全组成员都有相同的感觉：我们来到了一个不同的国家，碰到了不同的人。"

毫无疑问，美军观察组到访延安，对于展示中国共产党的抗战形象和对中美关系的进一步发展起到了积极的作用。

为了适应抗日战争即将取得胜利的新形势，更好地对外介绍解放区的真实情况，宣传中国共产党的方针和主张，促进世界反

◎ 延安新华广播电台对美国旧金山广播时用的继电器

法西斯战争的全面胜利，新华社英文广播部于 1944 年 8 月在延安成立。9 月 1 日，定向美国旧金山，呼号为 CSR DE XNCR 的新华社（英文文字广播）正式开播。这是中国共产党领导的新闻机构第一次使用无线电通信技术向国外播发英文新闻，包括中共中央文件、毛泽东等领导人讲话、《解放日报》《新华日报》社论、陕甘宁边区建设情况的报道等。

随着世界反西斯战争逐渐迎来胜利曙光，1944 年 8 月 21 日至 10 月 7 日，美、英、苏三国和中、美、英三国的代表，先后在华盛顿附近的敦巴顿橡树园举行会议，拟定成立一个国际性机构，来负责维护世界的和平与安全。1945 年春，中、美、英、苏四大国决定在美国旧金山召开联合国制宪大会，为尝试建立永久和平的战后秩序而努力。

消息传到延安时，中国共产党正在召开六届七中全会，毛泽东立即在会上提出要求，中国共产党必须派人出席。中共中央起初向国民党当局建议派周恩来、秦邦宪和董必武三人参加旧金山会议，但国民党企图一党包办，执意不肯。为此，周恩来于 1945 年 2 月 18 日代表中共中央致函美国驻华大使赫尔利，同时要求将该意见转告罗斯福总统："当我在重庆时，你曾告诉我，派赴旧金山会议的代表中应包括国民党、共产党和民主同盟的代表，我党中央委员会和毛泽东主席完全同意你的意见。"

由于中国共产党在抗日战争中的中流砥柱作用和影响得到国际社会的认可，以及中国共产党的坚决斗争，在美国总统罗斯福的居中调和下，国民党当局被迫同意中共代表参加代表团。经过讨论，中共中央决定派党的元老、知名法学家、又懂英语的董必武赴旧金山参加联合国制宪会议。

3 月 26 日上午，蒋介石主持国防会议，当场确定中国代表

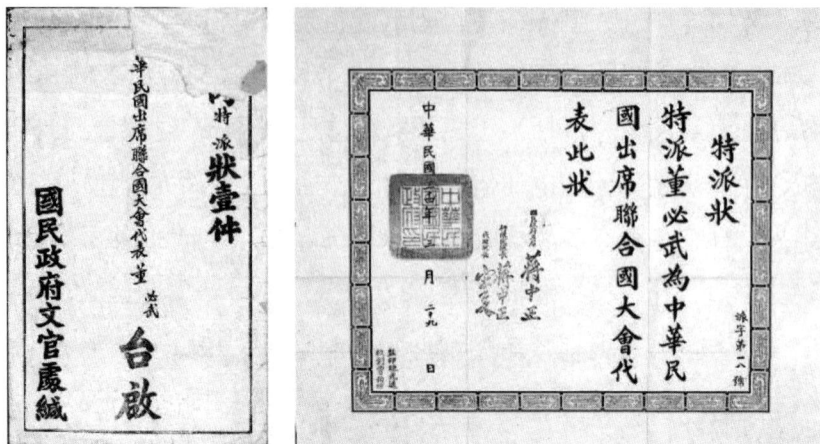

◎ 国民政府委派董必武为中华民国出席联合国大会代表的特派状（派字第十八号）

团成员。首席代表为国民政府代理行政院长兼外交部长宋子文，代表团成员有：驻美大使魏道明、驻英大使顾维钧、前驻美大使胡适，中共代表董必武，国民参政会主席王宠惠、李璜、吴贻芳，国民参政会参政员（议员）张君劢，大公报总经理胡霖等一共 10 名正式代表。

3 月 29 日，国民政府发给董必武特派状，写有"特派董必武为中华民国出席联合国大会代表此状（派字第十八号）"，由国民政府主席兼行政院长蒋中正和代理行政院长宋子文签署。此特派状，纵 41.3 厘米，横 50.7 厘米，纸质，石印，毛笔写。盖有中华民国国民政府印。

4 月 6 日，延安机场人声鼎沸，笑语连天，朱德、周恩来、叶剑英、林伯渠、陈毅、林彪、聂荣臻、刘伯承、罗瑞卿及社会各界人士数百人，喜气洋洋地到机场欢送董必武及其随行人员乘飞机前往重庆转机。4 月 12 日，董必武率陈家康、章汉夫，在重庆登上一架小型军用飞机赴美。

◎ 制宪会议上的中国代表团（右一为董必武）

4月25日，联合国制宪会议在旧金山开幕，有50个国家的282名代表及1726名顾问、专家、秘书出席会议。会议期间，中国代表团于5月1日举行中外记者招待会，引起了广泛的关注。招待会由宋子文主持，600多名记者蜂拥而至，被国民党当局宣传为"危险人物"的董必武，自然成为许多记者关注的焦点。在两个多月的会议过程中，董必武以庄重而平和的政治家风度，给当时许多著名人物留下了深刻而难忘的良好印象。

平日里的董必武是出了名的勤俭节约，日常衣物不仅陈旧还打着不少补丁。在章汉夫等人的建议下，董必武临行前在重庆赶制了一件咖啡色的长款呢料双排扣大衣，简朴低调又不失庄重，同时还购买了一套非常便宜的西服。同行参会的章汉夫表示，穿上这套西服出席国际会议或有失外交礼仪，实在不妥。就这样，在到达纽约的第二天，董必武拜托华侨日报社的同志，花了25美元另外购置了一套西服。

会议结束后，董必武根据中共中央的指示，尽可能多地接

◎ 董必武参会时穿的皮鞋

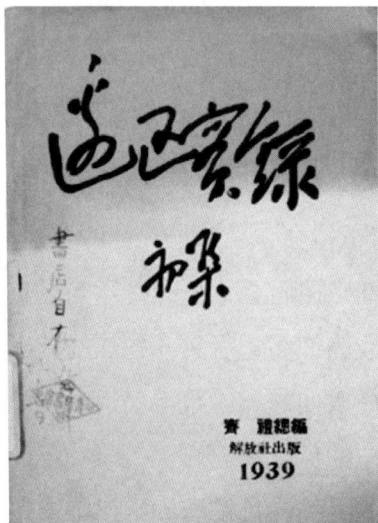

◎ 1939年解放社出版的《边区实录》

触旅美华侨。他走进唐人街的华侨会馆、中华学校、东华医院，向侨胞介绍中国共产党领导下的军民在抗日战争中取得的辉煌战绩，阐述中国共产党团结抗日的各项政策。

董必武到美国，是中国共产党高层领导人第一次以公开身份在美国活动。为了扩大中共的影响，董必武主持出版了英文版《边区实录》，共印了5000册，散发给出席旧金山会议的各国代表、外国记者及美国人士，比较详细地向世人介绍了解放区军民在抗击日寇、政权建设、经济和文化建设等方面的成就。

6月26日，联合国制宪会议在美国旧金山退伍军人纪念大厦进行庄严的签字仪式。一共有50名代表参加旧金山制宪会议，分为两类。第一类为4个"发起国"和法国（5个常任理事国），然后是45个其他创始会员国。按照会议议事规则，由安理会"五常"最先签字，依据国名的英文字母排名顺序是中国、法国、苏联、英国、美国。中国在"五常"中排名第一，因此中国代表团第一个在宪章上签字。

在联合国宪章上签字的中国代表一共有八位，第一个签字的是代理首席代表顾维钧，他也因此成为全球签署联合国宪章的第一人。宋子文因有公务缺席签字仪式，胡适因对宪章中的部分条款不满

◎ 联合国成立大会时发给中国代表董必武的纪念章

拒绝签字。董必武用传统毛笔签下了"董必武"三个刚劲有力的楷书字。中国成为联合国创始国之一。

董必武作为中共代表，到旧金山出席有重大历史意义的联合国制宪会议。这一行为已经证明，中国共产党及其领导下的军民，在中国已经成为决定中国命运和前途的重要政治力量。正如毛泽东在中共七大所作的题为《论联合政府》的政治报告中所说："中国共产党对于保障战后国际和平安全的机构之建立，完全同意敦巴顿橡树林会议所作的建议和克里米亚会议对这个问题所作的决定。中国共产党欢迎旧金山联合国代表大会。中国共产党已经派遣自己的代表加入中国代表团出席旧金山会议，借以表达中国人民的意志。"①

会议期间，中国代表团反对强权政治，强调国家和种族平等、国家主权和民族独立，积极为弱小国家伸张正义，成为中国

---

① 《毛泽东选集》第三卷，人民出版社1991年版，第1085页。

在创建联合国的外交活动中的一大特色和独特贡献。中国的国际地位也被与会国一致肯定，中国被确认为联合国安理会的五大常任理事国之一，中文也成为联合国的正式语言之一。

1945年11月20日，由于国内工作需要，董必武乘飞机回国，于26日抵达重庆，胜利地完成中共中央和中国人民赋予他的重大历史使命。

"伸张人间的正义与公平"

——东京审判中的梅汝璈大法官

　　第二次世界大战结束难的是，远东盟军最高统帅部经过与各同盟国的外交磋商，根据《开罗宣言》《波茨坦公告》《日本投降文书》及莫斯科苏、美、英外长会议决定等一系列国际文件，于1946年1月，由同盟国授权，盟军最高统帅道格拉斯·麦克阿瑟公布了《盟军最高统帅部特别通告》。其中，《远东国际军事法庭宪章》作为通告的附件之一，宣布设立远东国际军事法庭，在东京审判日本战犯，由胜利的同盟国共同任命法官审理。

　　随后，盟军最高统帅部根据各同盟国政府提名，任命美国、

◎　远东国际军事法庭期间的梅汝璈和他的法官袍

中国、英国、苏联、澳大利亚、加拿大、法国、荷兰、新西兰、印度、菲律宾 11 国代表组成远东国际军事法庭。通过慎重选择，中国政府指派学识渊博、人品高尚的梅汝璈参与国际军事法庭，代表受害的 4 亿多中国人民远赴东京，在侵略者的国土上对侵略者施行正义的审判。

梅汝璈（1904—1973），字亚轩，出生在江西南昌朱姑桥梅村，自幼聪颖好学。12 岁那年，他以优异成绩考入清华留学预备班（清华大学前身）学习。在此期间，梅汝璈在《清华周刊》上发表了多篇文章，表现出其忧国忧民之心。

1924 年，梅汝璈在清华毕业后赴美国留学。经过刻苦努力，他于 1926 年毕业于美国斯坦福大学，获得文学学士学位。之后又入芝加哥大学法学院攻读法律，获得法学博士学位。1929 年春，他在游历了英、法、德、苏等国之后回国。回国以后，梅汝璈先后到山西大学、中央政治学校、复旦大学、武汉大学等多所高校担任教授职务。

1946 年 3 月，梅汝璈乘机抵达日本东京。他表示："审判日本战犯是人道正义的胜利，我有幸受国人之托，作为庄严国际法庭的法官，决勉力依法行事，断不使那些扰乱世界、残害中国的战争元凶逃脱法网。"这次审判于 1946 年 5 月 3 日开庭，在长达两年半的漫长过程中，法庭一共开庭了 818 次，创下了国际刑事审判的纪录。在审判中，梅汝璈始终坚持法律原则，有礼有节，在"法官席位之争""起草判决书"和"坚持死刑处罚"等多个关键时刻，用自己的智慧、勇气和学识维护了民族的尊严和人民的利益，出色地完成了这一注定被写入史册的审判任务。

在东京国际军事法庭开庭前，各国法官首先关注的是在法庭上座位的排列顺序，这不仅仅是法官个人的尊卑问题，更体现了

◎　远东国际军事法庭的 11 位法官合影。前排左起：帕特里克（英）、克莱墨尔（美）、韦伯（澳大利亚）、梅汝璈（中国）、柴扬诺夫（苏联）；后排左起：巴尔（印度）、罗林（荷兰）、麦克杜格尔（加拿大）、柏奈尔（法国）、诺斯克罗夫特（新西兰）、哈那尼拉（菲律宾）

法官所在国在审判中的地位。梅汝璈深知当时中国的国力不强，很难获得应有的地位。在经过缜密考虑后，他在发言中指出："首先，今日系审判日本战犯，中国受日本侵略最烈，而抗战时间最久、付出牺牲最大，因此，有八年浴血抗战历史的中国理应排在第二。再者，没有日本的无条件投降，便没有今日的审判，按各受降国的签字顺序排座，实属顺理成章。"

远东国际军事法庭的任务是对日本主要战犯加以逮捕、侦查、起诉、审讯和判刑。这些战争罪犯大都是侵略战争中的"元凶巨魁"，是当年策划、准备、发动或执行侵略战争的最高或主要责任人，因此常被称为"甲级战犯"。从 1945 年 9 月至 12 月，盟军最高统帅部分 4 次对日本甲级战犯进行逮捕，指名逮捕的人数共为 118 名，但实际羁押的甲级战犯不过 100 名左右。国际检察处在对已逮捕的甲级战犯进行普遍侦讯、调查以及罪行材料整理后，经过长时间讨论和争辩，最终确定把东条英机、松井石根、广田弘毅等 28 名罪恶昭著的法西斯侵略分子作为第一批起诉的被告人。

在东京审判进行到后期时，围绕对战犯的量刑问题，法官们发生了激烈的争辩。已废除死刑且未遭到日军过多侵略践踏国家的法官们不赞成用死刑。庭长韦伯就主张将战犯流放到荒岛上，印度法官则建议慈悲为怀，无罪开释全部日本战犯，美国法官仅仅坚持对发动太平洋战争和虐待美军俘虏的战犯处以死刑……

为了伸张正义、不辱使命，梅汝璈用充分的证据证实了日军的暴行，主张对日军首恶必须处以死刑。他与各国法官们进行了多次磋商，经过了无数次争论，终于使得一部分法官同意了他的

◎ 远东国际军事法庭上的中国法官梅汝璈

观点。在梅汝璈的慷慨陈词和据理力争下，远东国际军事法庭在最后投票表决时以 6 票对 5 票，一票的微弱优势，把东条英机、土肥原贤二、坂垣征四郎、松井石根等 7 名首犯送上了绞刑架。

在法庭最后环节的工作——判决书的书写问题上，梅汝璈再次以其凛然正气和爱国之心为中国人争得了荣誉和尊严。当时，有人主张判决书统一书写，但梅汝璈认为，有关日本军国主义侵华罪行的部分，中国人受害最深，最有发言权，因此，这一部分理当由中国人自己书写。经过他的交涉，法庭决定由梅汝璈负责判决书第四章"日本对华侵略"的起草工作。

这次审判的案情复杂，其证人、证据之多，实属罕见。梅汝璈与助手们全力以赴，在长达三百页的初稿上倾注了大量心血。他精心研究、分析盟军截获的密电和密档等大量证据。在起草判决书的一次法官会议上慷慨陈词："由法庭掌握的大量证据可以看出，日军在南京的暴行比德军在奥斯维辛集中营单纯用毒气屠杀更加惨绝人寰。砍头、劈脑、切腹、挖心、水溺、火烧、砍去四肢、割下生殖器、刺穿阴户或肛门等等，举凡一个杀人狂所能想象得出的残酷方法，日军都施用了。南京的许多妇女被强奸后又被杀掉，日军还将她们的尸体斩断。对此种人类文明史上罕见之暴行，我建议在判决书中应该单独设一章予以说明。"正是在梅汝璈的力争下，日本战犯矢口否认的南京大屠杀被写进了判决书中。

1948 年 11 月 4 日，法庭开始宣读《远东国际军事法庭判决书》，判决书共 10 章，英文文本共计 1213 页，宣读了整整 9 天。12 日，庭长韦伯宣布远东国际军事法庭法官对被告起诉书做出的认定：所有日本被告，有罪！

12 月 22 日晚，东条英机等 7 名战犯被押赴刑场执行绞刑，应麦克阿瑟邀请，美、中、英、苏四国驻日代表到场监督行刑。

对于那场如同硝烟一般逝去的历史审判，也许会有人有不同的看法，但梅汝璈的一段话，或许能让人更深刻地理解什么是战争和历史："我不是复仇主义者，我无意于把日本军国主义欠下我们的血债写在日本人民的账上。但是，我相信，忘记过去的苦难可能招致未来的灾祸。"

在参加东京审判的这两年里，作为战胜国的法官，虽然享受着丰厚的待遇，但是梅汝璈内心很是不安，这些不安来自于他经常从报上看到国内"饥饿""内战"的坏消息，他对国民党政府越来越失望。

1948 年 12 月，国民党政府宣布梅汝璈为政务院委员兼司法部长，但他拒绝到任。1949 年 6 月，梅汝璈由东京抵达香港，在设法与中共驻香港代表取得联系以后，秘密回到北京。

到京第三天，梅汝璈便欣然出席了中国人民外交学会的成立大会。周恩来在会上介绍："今天参加这个会的，还有刚从香港回来的梅汝璈先生。他为人民办了件大好事，为国家增了光。全国人民都应该感谢他。"

东京审判结束后，梅汝璈将他在审判工作中用过的判决书底稿和在法庭上穿的法袍随身携带，踏上归国旅途。为防止意外，途经香港时，梅先生将这份珍贵史料交由其亲戚、久居香港的著名书法家柳顯庵先生保管，只身返回祖国。直

◎《远东国际军事法庭判决书》打印稿

到 1988 年在梅先生过世 15 年后，这份珍贵史料才被交还梅家，也终见天日。这是仅存的《远东国际军事法庭判决书》的底稿，也是东京审判留下的唯一物证。1998 年，梅先生家属将这件珍贵文物捐赠中国革命博物馆。作为历史的见证，它时刻警示后人永远不要忘记那段屈辱岁月。

"子弟兵的母亲"

——戎冠秀

在艰苦卓绝的革命战争年代，人民军队的发展壮大和每一次战斗的胜利，都离不开广大群众的支持。正如毛泽东所说的："真正的铜墙铁壁是什么？是群众，是千百万真心实意地拥护革命的群众。"

戎冠秀，无疑就是其中的杰出代表之一。

抗日战争时期，戎冠秀担任河北省平山县下盘松村妇女救国会会长、八路军伤病员转运站站长。在那段艰苦的岁月里，她带领全村妇女给战士们送水、送饭，转运伤员。在严重缺医少药的条件下，为了救治伤员，她经常亲自给伤病员喂水喂饭，想尽一切办法，使很多身负重伤的八路军指战员恢复了健康，重返前线。

在艰苦的抗日战争时期，戎冠秀能给伤病员们吃的最好的食物就是豆浆和豆腐脑了。

◎ 戎冠秀

263

◎　戎冠秀给伤病员喂饭用的大碗和磨豆浆的小石磨

戎冠秀的孙子李耿成回忆说："一次，有位重伤员，头上被敌人砍了6刀，血肉模糊，奄奄一息，抬担架的都说没救了。奶奶先用温开水给伤员擦洗伤口，再敷上中草药。伤员牙关紧闭，喂到嘴里的水顺着嘴角流了出来，奶奶就用小勺，轻轻撬开牙缝，再用勺一滴一滴喂，半碗水足足喂了一个小时，过了一会儿，伤员慢慢睁开了眼，但是还不能说话，奶奶又喂了他一碗豆腐脑。"

　　作为村里的妇救会主任，戎冠秀白天带领村里的妇女拥军支前，夜里则要忍着蚊虫叮咬，在昏暗的光线下纳鞋底、做军鞋，

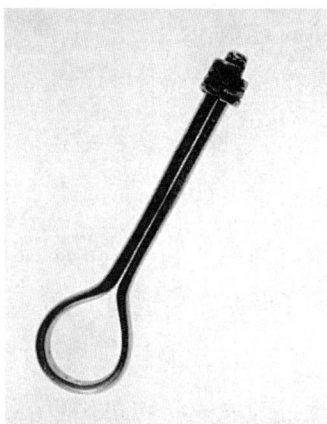

◎　戎冠秀做军鞋用的煤油灯和锥子

手指上磨出了血泡，成了老茧。当时环境非常艰苦，煤油很难得到。为了省油，戎冠秀就只在穿针引线的时候点灯，过后就马上灭掉。这样下来，一盏煤油灯可以用一年的时间。这把长 8 厘米的锥子和 13 厘米高的煤油灯，无疑是这段艰苦岁月的见证。

冒着生命危险救过多少伤病员，戎冠秀自己也数不清了。1943 年秋，八路军伤员邓仕均在敌人"扫荡"时掉了队。危急时刻，正带领乡亲们转移的戎冠秀搀扶着他向半山腰的一个山洞爬去。由于身受重伤，浑身无力，戎冠秀蹲下身子，让邓仕均踩在自己的肩上，把他顶进了山洞。经过一段时间的精心照料，邓仕均终于恢复了健康，重返前线时，跪在戎冠秀面前连声喊娘。

1944 年 2 月 10—14 日，晋察冀边区第一届群英会在河北省阜平县北崖村举行。群英会分别赠予戎冠秀"北岳区拥军模范——子弟兵的母亲"称号、邓仕均"边区子弟兵战斗英雄"称号、李勇"边区爆炸英雄"称号。就在这次群英会上，邓仕均终于见到了自己日思夜想的救命恩人戎冠秀。军区摄影记者叶曼之

◎ 晋察冀军区奖给戎冠秀的锦旗"子弟兵的母亲"

◎ 戎冠秀和邓仕均、李勇在晋察冀边区第一届群英会上的合影

用相机记录下了这一感人的瞬间，聂荣臻欣然为其作了"光辉永存"的题词。邓仕均、戎冠秀和李勇的合影照，以《晋察冀三英雄》为题发表在《晋察冀画报》1944年第5期封面上。

在这次群英大会上，晋察冀军区还特别奖给戎冠秀锦旗一面。锦旗由红色丝绸做成，纵164厘米，横69厘米，形状为立式长方形。锦旗的上部，有一个用黑色布料剪出的一位农村妇女半身像，下面印有"子弟兵的母亲"六个大字。下面落款处，印着"军区司令员兼政治委员聂荣臻，副司令员萧克，副政治委员程子华、刘澜涛，代政治部主任朱良才率子弟兵全体指战员敬赠"等五十余字。

除锦旗一面之外，戎冠秀还获得奖状一张，骡子一头，铣、镐各一件，以及150元边币，并在大会上做了典型报告。

时任中共平山县委秘书的谷受民回忆说，戎冠秀本名戎光秀，由于口音关系，工作人员误把"光"字听成"冠"字，直到边区群英大会以后才发现，鉴于"冠"与"光"在平山方言两字声韵相近，加之戒冠秀的名字已为边区军民熟知，因此后来也就没有再作改正。

戒冠秀拥军的模范事迹，很快传遍晋察冀边区，全区迅速掀起学习戒冠秀、热爱子弟兵的热潮。为此，随军记者江

◎ 《黎明钟声》

波专程来到下盘松村采访。在采访中，每天清晨总会有一阵清脆的钟声，由远而近，把他从梦中惊醒。经过仔细观察，他发现，戒冠秀的钟声，在战时是群众转移的信号，也是游击队员整装迎战的号角；平时，有节奏的钟声则是在动员群众下地进行生产。这响彻黎明的钟声，不仅是一种力量的象征，更是中华民族觉醒的象征。江波满怀激情，选好角度，拍摄下了《黎明钟声》这幅佳作，在边区乃至全国引起了强烈反响。

在抗战时期，平山地区流传着这样一首民谣："最后一碗米用来做军粮，最后一尺布用来缝军装，最后的老棉被盖在担架上，最后的亲骨肉送到战场上。"这首民谣，不仅是老区人民对于抗战对于子弟兵最无私、最伟大奉献的真实写照，也是"子弟兵的母亲"为什么会出现在革命老区的主要原因。

聂荣臻后来回忆说，"我们在群众的海洋里，是如鱼得水，如虎添翼。而敌人呢？处处碰壁，处处困难，找不到向导，找不

到粮食，找不到用具，想找一口锅做饭也不容易，就像一个既聋又瞎的人坠入了深渊。人民这样爱戴我们，这样仇视敌人，日本侵略军还有什么办法不失败呢!"

1989 年 8 月 12 日，戎冠秀因病逝世。聂荣臻在唁电中对她平凡而伟大的一生给予了高度的评价："战争年代，戎冠秀同志的英雄业绩鼓舞了晋察冀边区的千千万万的人民和人民子弟兵。我也深为她的精神所感动。正是这种军民鱼水感情，使我们赢得了革命战争的胜利。我们应该继续发扬她的革命精神，继承她的遗志。"

"我唱晋察冀，山红水又清。山是那么红，水是那么清。如果有人问，请问好老人。这位好老人，好比一盏灯。战士给她火，火把灯点明。她又举起来，来照八路军"。

这是著名诗人田间创作的《戎冠秀赞歌》，朴实的诗句，饱含着对"子弟兵的母亲"的赞美和爱戴。

人们爱戴她，因为她在抗日战争的风云岁月里，用自己全身心的爱，救护了为民族解放而奋斗的子弟兵。

人们怀念她，因为她在革命和建设的几十年间，用自己全身心的爱，爱着人民，爱着集体，爱着国家。

她是平凡的，然而，她把自己一点一滴的心血统统花在了伟大的共产主义事业之中，有谁能说她不伟大？

她是朴实的，然而，她在一件件具体的事情上总是表现出鲜明的爱憎，慈母的心肠，有谁能说她不崇高？

从国家博物馆珍藏的这些革命文物和一直流传于世的历史照片中，我们不难看出，戎冠秀其实就是从千千万万个不愿做亡国奴，舍命保护子弟兵的老百姓中涌现出的代表。作为一个从旧时代走过来的小脚女人，一个在偏远山村长期生活的农家妇女，她用最朴素的方式和柔弱的双肩扛起了在别人看来很难担当的社会责任。她的伟大之处，其实就存在于她喂养伤病员的碗碗勺勺，存在于支前送水做饭的点点滴滴，存在于慈母般的一针一线和缝缝补补之中。

用生命守护红色的希望

——延安"洛杉矶托儿所"

战争年代，无数革命者为党和人民的事业抛头颅、洒热血，时刻直面生死考验。保障他们子女的安全，就成为党的一项重要工作。

由于日军空袭，陕甘宁边区第一保育院于 1938 年从延安迁往安塞等地，延安一时没有保育机构。无论中央领导人的子女还是烈士遗孤，都被寄养在老乡家中或被迫送人，有的失联、夭折甚至面临敌人的迫害。

时任中央总卫生处处长兼中央医院院长的傅连暲看在眼里，急在心上。经他提议，党中央于 1940 年 3 月在距离中央驻地杨家岭很近的兰家坪山上，建起中央托儿所，以最大限度保护好红色血脉，为前线的将士们排忧解难。为了表彰傅连暲的突出贡献，1940 年 3 月 8 日，朱德亲笔给他题写了"妇孺健康之保障"的横幅。

中央托儿所的第一任所长丑子冈是革命烈士遗孀，曾在延安中央医院担任护士，并参与延安第一保育院的扩建。副所长曹和静兼任文化教员，保育员有祁月娥、任小英、张凤云、杨翠花等。

中央托儿所迎来的第一批小朋友是：罗小金（李铁映）、毛娇娇（李敏）、贾丽丽、谢定定、王苏云、傅维芳、小胖，一共

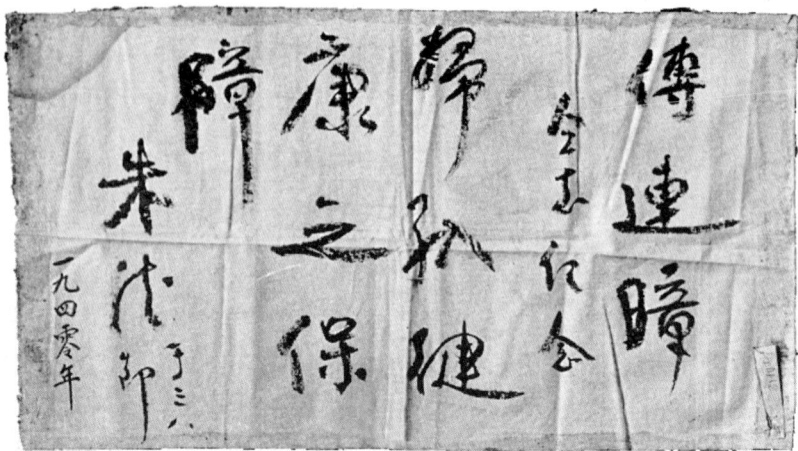

◎ 朱德总司令为傅连暲亲笔题写的"妇孺健康之保障"

七个孩子。这些孩子的父母都在党内做着重要的领导工作，整日扑在工作第一线上，根本无法照顾自己的孩子。

中央托儿所成立后不久，在前线与日军作战的将领们也纷纷把他们的孩子送来，其中有刘伯承的儿子刘太行、邓小平的女儿邓林、左权的女儿左太北、任弼时的女儿任远征、杨勇的儿子李小平、黄镇的女儿黄文、黄浩以及白坚的儿子白克明……

刘太行 1939 年出生于太行山，1940 年 10 月，刘伯承委托徐向前把刘太行带到延安，起初由康克清照顾。由于工作繁重，康克清只能从延安女子大学找了个年仅 15 岁的大孩子王茜平，托她照顾一段时间，再送到中央托儿所。因为快两岁的刘太行还不能走路，大大的脑袋，胳膊腿细得像火柴棒。经王茜平精心照料半年之后，太行的身体终于恢复到正常。康克清十分高兴，就把她推荐给丑子冈担任保育员。于是，一个保育员和一个新生，一起到中央托儿所报到了。

从 7 个孩子到 100 多个孩子，从 6 孔破窑洞到齐整的四合院，

◎ 介绍边区儿童情况的《保卫中国同盟》通讯

保育员们付出了巨大的努力，边区政府也千方百计保证保育院、托儿所的经费。当时大人一天只有两餐稀饭，好一点的时候，里面能撒点菜叶、土豆片，更多的时候只能撒一把咸盐，许多人得了浮肿病。然而最让大人揪心的不是自己，是孩子。吴持生是1940 年被父母送进中央托儿所的，当时只有一岁多。他后来回忆说，"幼孩们站在小床上，整齐的靠着栏杆排成一排，等着阿姨喂糊糊吃。只见阿姨端着一大碗面糊糊，一勺、一勺地从头喂到尾。喂前面的孩子，后面的孩子都伸长了脖子，张大了嘴，两个眼睛紧盯着盛面糊糊的大碗和喂糊糊的勺子转。同样，喂到后面的孩子，前面的孩子也如此情景。阿姨喂到哪个孩子跟前，哪个孩子就迫不及待地一口抢上去，狼吞虎咽地吞下肚。"

在了解到中央托儿所的艰苦条件以后，宋庆龄通过香港的"保卫中国同盟"联络远在大洋彼岸的洛杉矶爱国华侨及国际友人，向世界报道中国人民抗日战争的真相，为伤病员、儿童、爱国文化事业募集钱款和医药物资，通过重庆的八路军办事处，千里迢迢送到延安。后来，宋庆龄还想方设法送来了一台大磅秤，不仅能称体重还能测身高，在托儿所派上了大用场。她深情地说："我们已经发现了一座桥梁，可以沟通环境、种族、宗教和政党方面的分歧。这座桥梁就是儿童——我们的儿童。"

为感谢洛杉矶爱国华侨和国际友人的支持，中央决定将"中央托儿所"改名"洛杉矶托儿所"。1942年9月的一天，延安兰家坪的山坡上召开了"洛杉矶托儿所"命名大会。这个新名字让托儿所的孩子们觉得新奇，有孩子好奇地向保育员阿姨询问"落山鸡"是什么鸡？惹得阿姨哈哈大笑，告诉大家那是美国的一个地名。

在洛杉矶托儿所，儿童的家庭和经历各不相同，导致他们的思想性格各有特点，在实际教育中，保育人员非常注意根据这些不同安排对他们的文化教育。对于聪明伶俐、勤学好问的，要求稍高一些，性格内向、不爱学习的，按照既定的教学计划进行。

大班孩子自清晨六点半起床，洗脸、洗手后七点半吃早饭；八点半钟开始"卫生检查"；九点十分开始"表情歌"；九点五十分"游戏"；十一点半"吃中饭"；两点半"故事"；三点半"自由玩耍"……各种生活管理的详细列表显示了当时这所托儿所在管理工作上的努力和逐步走向规范化。

在当时的洛杉矶托儿所，玩具大部分都是自制的。游戏场中有秋千架、木马、荡船、沙坑、小木房子等等；还建造了动物园，养了孩子们喜欢的如小鸡、小鸭、小狗、小猫、小鸟、小兔子等小动物；小农场里面种了许多西红柿、甜南瓜、洋芋、青苗等，带有浓郁的陕北特色。延安画家古元还为不识字的小朋友画画，挂在小班教室的墙上，例如"公鸡叫鸣，母鸡生蛋""牛耕田""鞋带开了我扣上""吃饭前洗洗手"。

所有从四面八方汇集而来的孩子，在这里都有一个共同的名字——"延安儿女"。在党的阳光抚育下，孩子们一起成长，他们可能不认识亲生父母，不了解他们的亲兄妹，但他们有比亲人还亲的大哥哥大姐姐、小弟弟小妹妹，有共同的叔叔阿姨、爸爸妈妈。

保育员严明回忆对丑子冈最初的印象时说，"她的容貌并不好看，特别是那双小眼睛，说起话来总是眨巴眨巴的，噘着个嘴，讲一口湖南话。她每天都会到班上看孩子们的情况，如果发现哪个孩子精神不振，就让保育员立即领到医务室检查一下，经常教育我们不能打骂和体罚孩子，孩子们一见丑所长，就喊丑妈妈，扑向她的怀抱。"

这是黄延岭在洛杉矶托儿所盖过的褥单，185 厘米长，76 厘米宽。被送进来的时候才两岁，他对父母的全部了解就是在托儿所毕业时，老师让他们记住父母的名字，以便将来父母能找到。正是在洛杉矶托儿所，黄延岭牢牢记住了父亲的名字。他后来回忆说，"小学六年级时，有一天上自习，忽然有同学从教室外头走进来说：'延岭，你爸爸在革命战争中牺牲了。'我问，你怎么知道？他说，校长办公室有一个本，上面有记录。我把作业一扔就跑到校长办公室，全班同学也都跟着跑过去了。到了一看，校长办公室没人，桌子上就有一个本。我翻开本一看，父亲那栏写着：1946 年 11 月，在东北的一次战役中牺牲。当时我眼泪就噼里啪啦掉下来了。回到教室后，全班同学没有一个吱声的，针掉到地上都能听得见。"

保育员们不仅要克服生活

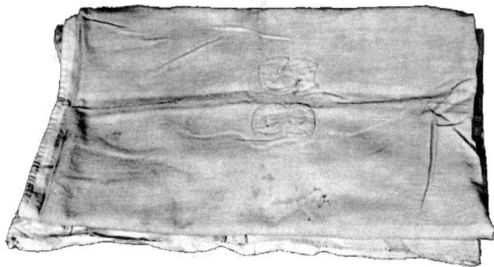

◎　黄延岭在洛杉矶托儿所盖过的褥单

上的困难，还要面对传染病的威胁，确保每个受托儿童都能健康成长。保育员周桂枝回忆，丑子冈所长几乎没有睡过一个安稳觉，白天黑夜都要为孩子们操心。"别的还好说，她就怕孩子们生病，一生病，她就心急火燎，因为当时延安缺药。"

一次，一个孩子夜里发高烧，年仅 16 岁的保育员王茜平把孩子抱在怀里，照顾了一整夜。第二天一早，王茜平背着孩子去门诊部看病。小小的身体背着另一个小小的身体，坚定地往前走着，一不小心扭了脚。强忍着泪花，在一路"弟弟加油""姐姐别哭"声中，王茜平和孩子互相慰藉着走到门诊部。

1944 年冬季，传染病及各种疾病流行，严重影响了孩子们的健康成长，傅连暲同志根据中央指示，调沈元晖任洛杉矶托儿所所长。沈元晖，1941 年来到延安，曾任延安中央医院护理部主任。

◎ 洛杉矶托儿所的孩子们

她回忆说，"托儿所从领导到各主要干部都具有专业知识，我们一起研究如何发挥各人专长，将托儿所办好。经过讨论，制订了必要的制度，如晨间检查、隔离制度、定期健康检查及食具和生活用品的消毒制度等。根据当地条件研制了一套适合儿童的食谱，给孩子们上卫生课，培养卫生习惯，锻炼身体，以及幼儿教育。另外，我们做了一件较重要的工作——为保育员开办训练班。"

经过大家的共同努力，很快使洛杉矶托儿所改变了面貌，环境简陋但整洁干净的窑洞内外回荡着他们天真无邪的欢声笑语。1944 年 6 月 14 日，延安洛杉矶托儿所迎来了一群特殊的客人——由各国记者组成的"中外记者西北参观团"。孩子们个个精神饱满，唱着充满斗志的抗日歌谣，赢得了各国记者们一阵阵热烈的掌声。这群自信活泼的孩子给各国记者留下了深刻的印象，路透社记者在报道中由衷感慨道："这里是一块神奇的土地，这里有一群普通而又伟大的人，他们又在潜移默化中培养出一代新人。这样的环境成长起来的新人，是任何力量都不能征服的！"

抗日战争结束后不久，国民政府就单方撕毁停战协定，大举向解放区进攻。为了保证孩子们安全，中央决定洛杉矶托儿所提前撤离。准备工作紧张而忙碌，工作人员绞尽脑汁，在撤离之前赶制出来了"马背摇篮"。这是有些类似于婴儿床或者摇篮，一边一个拴在骡马背上。周幼马回忆说，"为了跟上大部队行军，小孩子们都被放在筐里由骡子一边一个驮着。我妈妈当时牵着的骡子，一个筐里是我，另一个筐里是杨尚昆的儿子杨绍明。那真是好'摇篮'啊，即使白天行军，我在筐子里摇啊摇啊，很容易就睡着了。"

敌机的出动规律是上午 9 点以后至下午 3 点前。因此清晨是行军的好时间。行军通常都是早晨起床后，大人们把熟睡的孩子们唤醒，迅速穿衣、洗漱、吃饭、上厕所，日出之前出发。就这样，历经三年，途经三省一市、数十个村庄，洛杉矶托儿所的四十几名工作人员克服了难以想象的艰难困苦，保护着90多个孩子辗转行军几千里，安全转移到目的地，受到中央领导对她们集体的表扬。

保育员周桂枝最难忘的是丑子冈带领大家东渡黄河，"她时而在前面探路，时而在后边收尾，跑前跑后，指挥队伍行进。她每天和大家一起照看孩子，每到一处，就先安排好孩子的吃住，顾不上一天的劳累到各班检查。她三岁的小女儿（丑松亮）也在托儿所，她从不多照看一眼。由于过度的劳累，丑子冈又黑又瘦。"

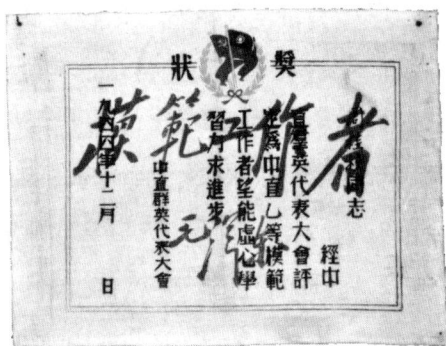

◎ 保育员周桂枝的"洛杉矶托儿所"徽章和模范工作者奖状

保育员们凭着坚强的意志和革命乐观主义精神，为那个动乱年代的孩子们开辟了一片弥足珍贵的童年乐土，她们的柔情与慈爱，成为后来从这里走出的革命后代们的美好回忆。"红色教育催人奋进，革命精神薪火相传"。一代代的延安儿女们，就是在代代传唱的革命歌曲和"马背摇篮"的故事里，保持着红色的基因的传承和红色血脉的赓续。

运筹帷幄，决胜千里

——中共中央转战陕北的 371 天

1946 年 6 月 26 日，蒋介石凭借其暂时的军事优势，以大举围攻中原解放区为起点，悍然发动了全面内战。

面对蒋介石的军事进攻，中共中央被迫进行反击。在人民解放军的沉重打击下，国民党军队于 1947 年 3 月不得不放弃全面

◎ 革命圣地延安

进攻计划，改为以陕北和山东解放区为重点，尤其是把重点进攻的矛头指向延安。

延安是陕甘宁边区的首府，黄土高原上的一座小城。自1937年1月迁到这里开始，延安一直是中共中央的所在地、中国革命的中心和圣地，中国共产党领导全体军民进行全国解放战争的指挥中枢。在中国共产党的领导下，延安从一个偏僻落后的小城变为一个光明的城市，在抗日战争时期留下了光辉灿烂的历史，一直吸引着无数进步青年和爱国民主人士。

1947年春，蒋介石不惜一切代价要占领延安。拥有重兵的"西北王"胡宗南纠集20个旅担任主攻，马步芳、马鸿逵集团的3个整编师以及邓宝珊的1个军加以配合，其全部兵力为34个旅约25万人。敌人制定了野心勃勃的计划：三天占领延安，摧毁中共中央和中央军委总部首脑机关。

当时敌我力量对比是十比一，毛泽东决定主动放弃延安，党内外很多同志想不通。毛泽东耐心地给大家解释，蒋介石以为占领了延安，就胜利了，但实际上只要他一占领延安，就输掉了一切。因为大家都知道了他破坏和平，不得人心。他还解释道：譬如一个人，背着很重的包袱，里面尽是金银财宝，碰见强盗要抢他的财宝。如果他舍不得暂时扔下包袱，手脚很不灵便，跟强盗对打起来，就会打不赢。如果他把包袱一扔，那就动作灵活，不但能把强盗打退，还可能把强盗打死，最后也就保住了金银财宝。我们暂时放弃延安，就是把包袱让给敌人背上，使自己打起仗来更主动，更灵活，这样就能大量消灭敌人。到了一定时机，再举行反攻，延安会重新回到我们手里。

为了粉碎国民党军的大规模进攻，中共中央客观分析了国内外形势和敌我双方的力量对比，确立了基本作战方针：诱敌深

◎ 转战陕北途中的毛泽东

入，必要时放弃延安，与敌人在延安以北的山区周旋，使之陷于疲惫之困境，然后抓住有利战机，集中优势兵力在运动中逐个加以歼灭。同时，中共中央领导边区军民认真地进行战争准备，在军事上、思想上、物资上做了一系列的准备工作，为粉碎国民党军重点进攻陕北的企图奠定了坚实的基础。

1947年3月18日晚，在国民党军队进攻延安的枪炮声已清晰可闻之际，毛泽东、周恩来告别了居住了十年之久的延安，开始了转战陕北的伟大征程。临行前，毛泽东对前来送行的西北野战兵团的领导干部们说："我们要以一个延安换取全中国。"

3月19日上午，西北野战兵团主动放弃延安。当天下午，国民党军胡宗南部进入延安，占领了一座空城。在撤离延安的途中，毛泽东写下了一首题为《张道冠中》的五言律诗："朝雾弥琼宇，征马嘶北风。露湿尘难染，霜浓鸦不惊。戎衣犹铁甲，须眉等银冰。踟蹰张冠道，恍若塞上行。"全诗描写了在张冠道中的所见所感，诗中的踟蹰两字用得非常含蓄，深切地表现了毛泽东当时的心态。

3月29—31日，中共中央在清涧县枣林则沟停留了两天，在这里召开了中央书记处紧急会议，史称"枣林则沟会议"。毛泽东高瞻远瞩，决定中央机关撤出延安，在外线同敌人周旋，留在陕北的中央机关代号为"昆仑纵队"。会议决定成立中央前敌委员会（以下简称中央前委），由中央书记处的三位书记毛泽东、周恩来、任弼时率中央机关和人民解放军总部留在陕北，主持中央工作；成立中央工作委员会（以下简称中共工委），由刘少奇、朱德、董必武组成，刘少奇为中央工委书记，朱德为副书记，董必武、彭真、康生、陈伯达为常委，伍云甫为秘书长；中央工委立即东渡黄河，前往晋西北或其他适当地点进行中央委托的工作。会议前一天，中央还成立了后方委员会，以叶剑英为书记，杨尚昆为副书记和后方支队司令，转移到晋绥解放区，负责中央机关的后方保障工作。

枣林则沟会议之后，为了便于行动，留在陕北的中央人员按军事编制，编成中央纵队（即"昆仑纵队"）。第一大队为直属队；第二大队负责机要和情报工作；第三大队负责电台和通讯工作；第四大队是新华社工作人员。再加上四个警卫连，一共八百多人。纵队由任弼时担任司令员，陆定一为政治委员，叶子龙为参谋长，汪东兴任副参谋长，廖志高为政治部

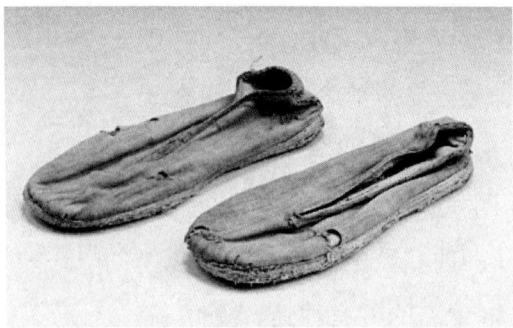

◎ 毛泽东在转战陕北时穿过的布鞋

主任。毛泽东的代号叫"李德胜"，周恩来的代号是"胡必成"，任弼时代号为"史林"，陆定一代号为"郑位"。

毛泽东转战陕北371天，所走之地沟壑纵横，地理环境异常艰险恶劣，生活条件极其艰苦。一是行军难，二是吃饭难，三是住宿难。但就是在这样极端艰难险恶环境中，毛泽东不仅充分展现了他非凡意志和毅力，而且显露出令人意想不到的非凡之胆略和奇谋。

◎ 周恩来在转战陕北时用的木箱，上面写着"胡必成"的代号

依靠陕北优越的群众条件和有利地形，西北野战军与比自己多达十倍的胡宗南部几十万军队在陕北高原周旋，不断地调动敌人，使其不得不往返奔波，疲于奔命，造成补给等方面的严重困难，士气低落。而人民解放军则选择有利时机和地形，于1947年3月25日、4月14日及4月底5月初，连续进行了青化砭、羊马河、蟠龙三次歼灭战，共歼灭胡宗南部1.4万余人，有力地策应了其他战场的人民解放军，为彻底粉碎国民党军对陕北的重点进攻奠定了基础。

在十分艰险的境遇中，毛泽东率领"昆仑纵队"与敌人周旋，同时与全国各战场保持着不间断的无线电联系。遵照蒋介石的命令，借助美国的无线电测向仪，胡宗南一直在寻找我党中央的踪迹。对此，毛泽东带着几部小电台在山沟里跟国民党军转圈，军委的大电台就伪装成中央电台，一直在发一些电报，也在迷惑国民党的侦测部队，使胡宗南部以强大的无线电测向方式判断我中央和野战军方位的企图归于失败，使占领延安后的敌军失去下一

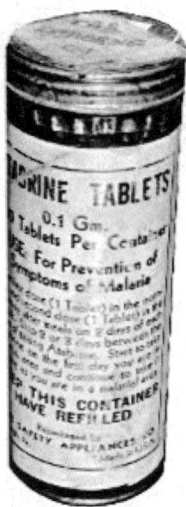

◎ 马海德医生在
转战陕北行军途中用的药

步的进攻方向。

当毛泽东所在的"昆仑纵队"在强敌围追堵截必须保持无线电静默时，西北野战军又及时启用其他通信枢纽进行替代，通过转发转收、网络迂回、有线无线、徒步骑兵等各种通信手段，最后通过无线电波协助中共中央从容指挥全国解放战争的各个战场。

在解放战争初期敌我力量对比悬殊的极端困难条件下，中共中央"昆仑纵队"的电台与西北野战军"前指"电台以 6 部 15 瓦手摇马达野战电台协助、保障毛泽东、中央军委对西北战场、对全国各战场实施不间断地有效指挥和管控，创造了闻名中外的近代无线电野战通信保障的光辉范例。

转战陕北的一年，既是作战最艰难困苦的一年，也是战场形势实现根本转变，奠定中国革命胜利之基的一年。毛泽东转战陕北，不仅直接谋划西北战场，而且运筹全国解放战争。

◎ 中共中央转战陕北时用的发报机

在转战陕北、与强敌周旋的日子里，毛泽东一方面以其超乎常人的胆识和气魄，用一小支中央纵队牢牢地拖住蒋介石的后腿；另一方面，又以其高瞻远瞩的战略眼光，思考着如何扭转全国战局，由战略防御转入战略进攻。

到 1947 年 7 月间，人民解放军经过一年作战，歼敌 110 多万，国共两军兵力对比的悬殊情况有了很大改变。尽管还是敌强我弱，但毛泽东决定由战略防御转入战略进攻，多次调整作战计划，最后下决心实施以刘邓、陈谢、陈粟三路大军挺进中原、开创新的中原解放区为主轴的"三军配合、两翼牵制、中央突破"的战略部署。

10 月，毛泽东在佳县神泉堡起草的《中国人民解放军宣言》中提出"打倒蒋介石，解放全中国"。为实现这个战略目标，他开始以主要精力研究和制定党在各方面的政策和策略，包括土地改革、工商业、统一战线、整党整军、新区工作等，从而中国革命形势发生了巨大变化，久已企盼的中国革命高潮终于到来。毛泽东早在 1930 年就对此做过生动的描述："它是站在海岸遥望海中已经看得见桅杆尖头了的一只航船，它是立于高山之巅远看东方已见光芒四射喷薄欲出的一轮朝日，它是躁动于母腹中的快要成熟了的一个婴儿。"①

---

① 《毛泽东选集》第一卷，人民出版社 1991 年版，第 106 页。

"百万军中取上将首级"

——歼灭整编七十四师的孟良崮战役

孟良崮，位于山东省蒙阴县东南与沂南县西部交界之处，主峰海拔 536 米，传说因北宋抗辽名将孟良曾屯兵于此。1947 年 5 月 13—16 日，一场大战让孟良崮一战成名。

1947 年 3 月，蒋介石为解决进攻兵力不足的问题，放弃全面进攻计划，改以陕北和山东解放区为重点，实行被称为"双矛攻势"的重点进攻，而在其余各战场则转为守势。

1947 年 4、5 月间，蒋介石以国民党军"五大主力"中的"三大主力"，即整编第七十四师、整编第十一师和第五军为核心，组成三个兵团，共 17 个师 43 个旅 25.5 万人，执行机动突击任务。另以 7 个整编师、17 个旅约 20 万人，在徐州、济南及鲁西南担任守备和策应，企图一举消灭陈毅、粟裕率领的华东野战军，或者把华野向北赶过黄河，从而最终夺取山东。

在作战方针上，蒋介石接受屡遭我军各个歼灭的惨痛教训，制定了"密集靠拢，稳扎稳打，逐步推进，避免突出"的战略部署，向我华东野战军及沂蒙革命根据地扑来。一时间，山东上空黑云压城，形势十分严峻。

为了打破敌人的"铁桶阵"，粉碎国民党的重点进攻，保卫山东革命根据地，华东野战军在陈毅与粟裕的指挥下，精心布阵，与蒋介石斗智斗勇。

此时，敌军以整编七十四师为主要突击力量，在两翼和后续强大兵团掩护下，企图实施中央突破，矛头直指华东野战军前线指挥部所在地坦埠。随后，我军及时发现敌整编七十四师位置稍显突出，且与左右邻军空隙较大，果断决定抓住这一稍纵即逝的战机，大胆进行穿插分割，将其从敌重兵集团中"挖"出来，进而集中优势兵力围歼。

关键时刻，中央军委和毛泽东于 5 月 12 日指示华东野战军："敌五军、十一师、七十四师均已前进，你们须聚精会神，选择比较好打之一路，不失时机发起歼击，究打何路最好，由你们当机决策，立付施行，我们不遥制。"

整编第七十四师是国民党军的精锐主力之一，前身为抗日战争中组建的七十四军，1946 年的国民党整军会议后，七十四军改编为整编第七十四师，是全部美式装备的甲种师，官兵战术素养、军纪、士气在国民党军中均为一流。师长张灵甫毕业于黄埔军校第四期，在陆军大学甲级将官班受过培训。抗日战争时期，曾被誉为模范军人，在湘西会战中，又因战功卓著而荣获自由勋章，深受蒋介石青睐。

◎ 孟良崮战役中缴获的美式子弹箱和钢盔

据资料显示："全师美械装备计有 12 门 105mm 榴弹炮（卡车牵引）、36 门 75mm 山炮、108 门 M24.2 英吋迫击炮（骡马牵引）、108 门 81mm 迫击炮（骡马牵引）、108 门 37mm 战防炮（吉普车牵引）、486 门 60mm 迫击炮、255 具火焰喷射器、324 具 M1'巴祖卡'火箭筒、324 挺 7.62mm 勃朗宁 M1917 水冷式重机枪、1080 挺 M1918A2 轻机枪、2400 支 M1 汤姆森冲锋枪和 M1 卡宾枪、4800 支 M1903 春田步枪，军官配有 M1911A1 手枪。无线电配备到连，共有机动车辆约 300 辆、骡马 1000 匹。"

在华东野战军的围攻之下，张灵甫不但没有迅速撤离，反而铤而走险，将所部就近拉上孟良崮山麓。这一步险棋一下子把作战双方推上了决战的关头：以孟良崮为圆心，华东野战军五个主

◎ 正在进攻孟良崮的我军战士

力纵队形成对整编七十四师包围圈。十几公里之外，则是国民党调集来的 10 个整编师。摆在我军面前只有两种可能——要么迅速消灭整编七十四师，要么就是被整编七十四师粘住，反被周边的几十万国民党军包围。一场血战已不可避免。

5 月 13 日黄昏，华东野战军指挥部命令第一、第八纵队利用地形掩护，穿插楔入整编七十四师纵深，割断整编七十四师与其他国民党军队的联系。经过了一天的激战，到 15 日拂晓，第一、第六、第八纵队分别攻占了垛庄和万泉山，完全截断了整编七十四师的退路，将其合围于孟良崮及其以北的狭小地区内。

得知整编七十四师被围，蒋介石急令各部齐头并进，拼死解张灵甫之围。他一方面命令张灵甫坚守阵地，吸引华东野战军的主力；另一方面严令孟良崮周围的 10 个国民党整编师，特别是李天霞、黄伯韬的部队尽全力支援整编七十四师，以期内外夹击，聚歼华东野战军于孟良崮地区。

陈毅命令各阻击部队坚决挡住国民党军，同时根据战场情况重新调整部署，要求一纵从西，四纵从北，六纵从南，八纵从东，九纵从东北，五个纵队同时对整编七十四师发起了总攻。由于与张灵甫素有矛盾，即便在蒋介石的催逼下，李天霞也没有倾全力驰援。相反，黄伯韬的整编二十五师倒是不遗余力地拼死相救，到 14 日上午，他们已将战线推到了黄崖山、狼虎山一线，距离孟良崮仅仅 6 公里。这两地隔一段开阔地带相望，黄崖山成了整编二十五师通往孟良崮的最后障碍。

在我军强大攻击下，整编七十四师固守待援无望，于 15 日下午倾全力组织三次突围，均未得逞，被压缩在 520 高地至大崮顶、雕窝一线的狭窄山地中。整编七十四师旅长陈嘘云回忆说："孟良崮战役四天四夜，这四天没有下一滴雨。因缺水，我们的机枪许多都是水冷式的，打到最后，有许多机枪因无法冷却，都打不响了。"

孟良崮是贫瘠的石头山，张灵甫的指挥部是在一座半山崖的根儿里，前面用石头垒了道

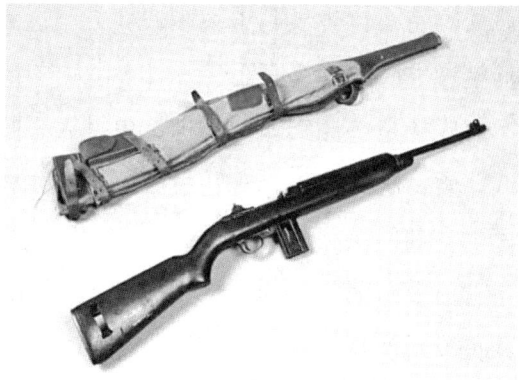

◎ 华东野战军在孟良崮战场上缴获的美制 M1 卡宾枪

石墙以防流弹。国共双方的军队在孟良崮上展开了争夺战，经过多次激战，国民党整编七十四师及整编第八十三师一个团共 3 万余人全部被歼！

这就是华东野战军在孟良崮战场上缴获的美制 M1 卡宾枪。1948 年 5 月，朱德代表中共中央到河南濮阳参加中国人民解放军前委扩大会议时，陈毅、粟裕将这支枪送给朱德留作纪念。

孟良崮战役创造了我军在敌重兵集团密集并进的情况下，从其战线中央割歼进攻主力的范例，被陈毅誉为"百万军中取上将首级"。粟裕后来回忆孟良崮战役时指出："判明敌人的作战意图后，以两面开弓之势，阻击敌东西两翼之强大兵力，将敌实施中央突破的先锋、号称'五大主力之首'的整编第七十四师从重兵集团中央割裂出来，予以全部、干净、彻底地歼灭。这次战役既充分反映了我军英勇顽强，不怕牺牲，善打硬仗、

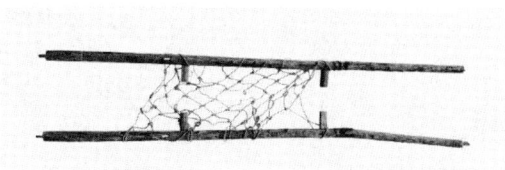

◎ 支前模范董力生参加孟良崮战役时用的担架

恶仗的特点，也表明了我军战斗力已达到可以歼灭蒋介石军队任何精锐之师的水平。"

战场是综合实力的比拼，更是人心向背的体现。

孟良崮战役中，车轮滚滚，担架如林，沂蒙人民组成浩浩荡荡的支前民工大军，民工人数与部队人数之比达到 3.7：1。出现了"沂蒙红嫂"用乳汁救伤员，"沂蒙母亲"抚养革命后代，沂蒙妇女勇架火线桥，"最后一碗米送去做军粮，最后一尺布送去做军装，最后一件老棉袄盖在担架上，最后一个亲骨肉送去上战场"的动人场面。

历史告诉我们，有了民心所向、民意所归、民力所聚，才能取得伟大胜利。孟良崮战役所带来的光辉战绩，不仅诉说着水乳交融、荣辱与共的沂蒙精神，更代表了人民的选择、历史的选择。

孟良崮战役胜利一个月之后，中央军委和毛泽东命令晋冀鲁豫野战军（1948 年 5 月改为中原野战军）十二万大军千里跃进大别山，把战场引向国民党统治的核心地带，从而揭开了战略进攻的序幕。

见证新中国诞生的"天书"

——政协一届全体会议代表的签名册

摧毁旧政权的目的，在于建立新政权。

在人民解放军向全国进军的同时，建立新中国的组织准备也在积极地进行着。然而，新政权应该怎么组建？要通过什么样的途径？中国大地上的各种政治力量，都在静静地观望着。

然而，国民党发动全面内战的枪炮声，终结了抗战胜利后短

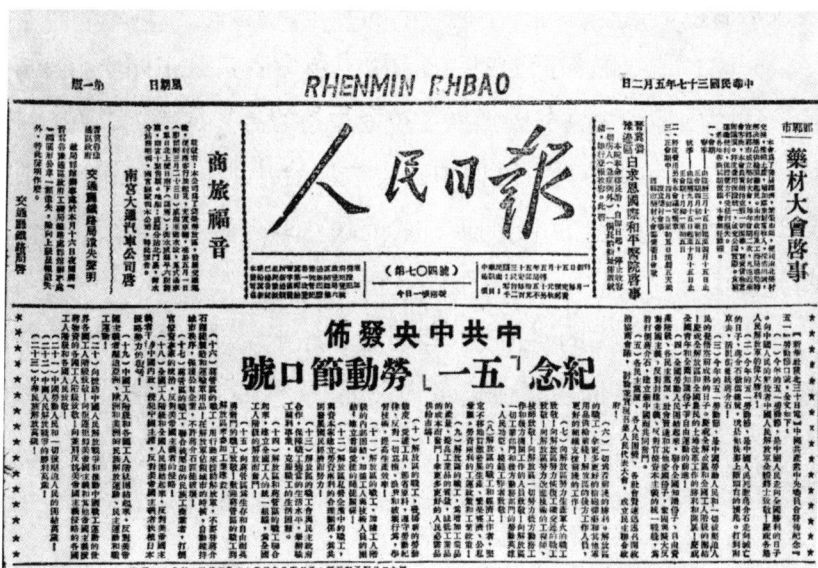

◎ 中共中央发布纪念"五一"劳动节口号

暂的和平局面。国民党破坏了通过政协会议开启的政治民主化进程，断送了中国现代化发展的一次良好契机。

在人民解放军转入全面战略反攻后不久，毛泽东就于1947年10月在《中国人民解放军宣言》中提出了自己的政治纲领，那就是："联合工农兵学商各被压迫阶级、各人民团体、各民主党派、各少数民族、各地华侨和其他爱国分子，组成民族统一战线，打倒蒋介石独裁政府，成立民主联合政府。"

随着解放战争进程的不断加快，1948年4月30日，中共中央发布纪念"五一"劳动节口号，其中第四、五条提出："全国劳动人民团结起来，联合全国知识分子，自由资产阶级、各民主党派、社会贤达和其他爱国分子，巩固与扩大反对帝国主义、反对封建主义、反对官僚资本主义的统一战线，为着打倒蒋介石，建立新中国而共同奋斗！""各民主党派、各人民团体、各社会贤达迅速召开政治协商会议，讨论并实现召集人民代表大会，成立民主联合政府。"①

5月1日，毛泽东致信中国国民党革命委员会主席李济深和中国民主同盟中央常务委员（在香港主持盟务）沈钧儒，提议由中共中央、民革中央、民盟中央发表联合声明倡议召开政治协商会议，"成立民主联合政府""拟订民主联合政府的施政纲领"。筹建新中国的大幕，缓缓地拉开了。

中共中央发布的"五一"口号，表达了全国各族人民的共同愿望，反映了各民主党派、各人民团体、各社会贤达的一致要求，得到全国人民的热烈拥护和广泛响应。

---

① 《中共中央文件选集》第十七册，中共中央党校出版社1992年版，第146页。

◎《中共中央毛主席关于时局的声明》

1949 年 1 月 14 日，毛泽东发表了《关于时局的声明》，宣布了八项和平条件，其中第八条是："召开没有反动分子参加的政治协商会议，成立民主联合政府，接收南京国民党反动政府及其所属各级政府的一切权力。"

这个声明立即得到了各民主党派的热烈拥护。1 月 22 日，已经到达解放区的各民主党派领导人李济深、沈钧儒、马叙伦、谭平山、章伯钧等和无党派民主人士郭沫若、茅盾等 55 人联名发表宣言，表示完全赞同毛泽东提出的八项和平条件，并明确表示：召开新政治协商会议，建立民主联合政府问题，"愿在中共领导下献其绵薄，共策进行"。

民革、民盟、民进、民建、九三学社、台盟等民主党派及北平文化界民主人士亦发表声明或宣言，表示拥护中国共产党将革命进行到底的号召。这表明各民主党派一致确认了中国共产党在中国革命中的领导地位，坚决拥护中国共产党的新民主主义革命纲领。中国共产党对中国革命的领导，对人民民主统一战线的领导，得到了充分的实现，从而为中国革命完全、彻底的胜利提供了保证。

根据毛泽东的指示，在周恩来的周密安排下，原来在国民党统治区的各民主党派、爱国民主人士和海外华侨代表，陆续进入东北和华北解放区，政治协商会议筹备会的地址原定为哈尔滨。1949年1月，北平的和平解放使千年古都迎来了新生，也为新政协的召开提供了一个更宽阔的舞台。

人民解放军渡过长江后，中国革命战争迅速取得全国性的胜利，召集政治协商会议和成立民主联合政府的一切条件，都已经成熟。国共双方代表4月初在北平和平谈判破裂以后，新政治协商会议筹备会于6月15日在北平召开。为什么使用"新政治协商会议"这个名称呢？周恩来解释了其中的原委："'政治协商会议'是我在重庆和王世杰谈判时他提出来的。此人反动失败而去，'政协会议'的名字却被我们留下，再加上一个'新'字。以区别于旧的政治协商会议，实际上就是我们人民民主的统一阵线，包括海外华侨和少数民族，是无产阶级领导下的四个阶级的联盟。"[1]

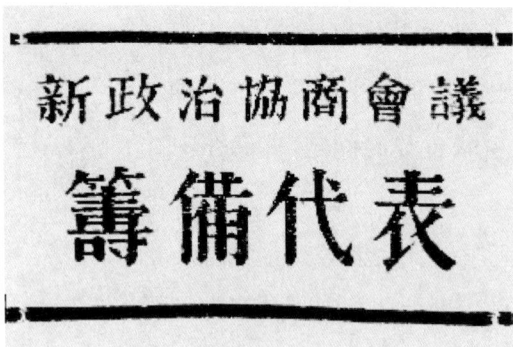

◎ 新政治协商会议筹备代表的胸章

毛泽东在新政协筹备会的开幕典礼上发表讲话，对筹备会的任务作了明确的说明："完成各项必要的准备工作，迅速召开新的政治协商会议，成立民主联合政府，以便领导全国人民，以最快的速度肃清

---

[1] 《建国以来周恩来文稿》第一册，中央文献出版社2008年版，第10页。

国民党反动派的残余力量，统一全中国，有系统地有步骤地在全国范围内进行政治的、经济的、文化的和国防的建设工作。"同时，他还满怀希望地预言，"中国人民将会看见，中国的命运一经操在人民自己的手里，中国就将如太阳升起在东方那样，以自己的辉煌的光焰普照大地，迅速地荡涤反动政府留下来的污泥浊水，治好战争的创伤，建设起一个崭新的强盛的名副其实的人民共和国。"

为了加快各项准备工作，新政协筹备会首次全体会议决定在常务委员会领导下设立 6 个小组，分别完成下列任务：一、拟定参加新政协的单位及其代表名额；二、起草新政协组织条例；三、起草共同纲领；四、起草宣言；五、拟定政府组织大纲；六、拟定国旗、国徽及国歌方案。

国旗、国徽和国歌，是国家主权和尊严的象征，也是民族

◎ 曾联松的中华人民共和国国旗设计原稿

精神的体现。为了迎接新中国的建立，6 月 16 日，新政协筹备会决定成立国旗国徽图案初选委员会。7 月至 8 月，《人民日报》等报刊连续刊登中国人民政治协商会议筹备会征求国旗图案的通知。

曾联松在报纸上看到启事后，心情十分激动，他回忆说："我设计以红色象征革命；以一颗内含镰刀斧头的大五角星象征共产党和人民军队；以四颗小星星代表人民，即工人阶级、农民阶级、城市小资产阶级和民族资产阶级。每颗小星均有一个角尖正对大星的中心，大星引导在前，小星环拱于后，象征共产党领导下的人民大团结。以五星结构象征政权特征的考虑既定，接着便考虑如何表达中国特征。为简洁起见，力求寓意于五星之中，我将五星结体排成椭圆形，像海棠之叶，寓表疆土版图；四颗小星则兼指 4000 年历史和文化；星是黄色象征黄色人种"。

大约一个月的时间里，政协筹备会国旗审查小组共收到国旗图案 2992 幅。经过反复认真地评选，从征集来的国旗设计图稿中，选出了比较好的 38 幅，编成《国旗图案参考资料》。

◎ 董必武收藏的新政协筹备会编印的《国徽图案参考资料》

与此同时，在全国胜利即将实现，并迎来中国共产党 28 岁生日的重要时刻，总结党成立以来的历史经验，从理论上阐明新国家的构想，系统宣传党和国家的内外政策，成为一个经过长期革命考验，即将执掌全国政权的政党必然的

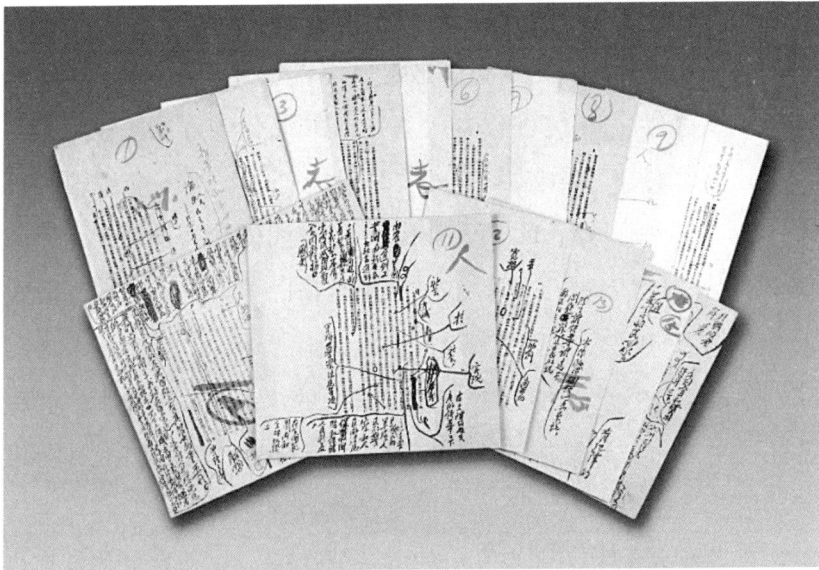

◎ 《论人民民主专政》部分清样修改稿

选择。毛泽东将纪念"七一"文章的主题聚焦于"论人民民主专政"。

《论人民民主专政》以人类进步的远景和共产党人的价值追求开篇，总结了中国共产党成立以来领导民主革命的基本经验，回答了全国人民普遍关心的一系列问题，阐述了人民民主专政的基本思想。这篇文章与毛泽东在七届二中全会上的报告一起，共同构成建立新中国的两块基石。

在中国人民解放战争胜利发展的形势下，中国人民政治协商会议第一届全体会议定于 1949 年 9 月 21 日在北平召开。拟定的代表名单分为五类，由党派、区域、军队、团体代表和特别邀请人士组成，共 662 人。其中，前四类共 45 个单位，有正式代表 510 人，候补代表 77 人。在党派代表方面，包括中国共产党、中国国民党革命委员会、中国民主同盟等 14 个单位、165 人（142

名正式代表和 23 名候补代表）；在区域代表方面，包括华北解放区、北平天津两直属市、待解放区民主人士等 9 个单位、116 人（102 名正式代表和 14 名候补代表）；在军队代表方面，包括中国人民解放军总部、中国人民解放军第一野战军等 6 个单位、71 人（60 名正式代表和 11 名候补代表）；在团体代表方面，包括中华全国总工会、国内少数民族、国外华侨民主人士、宗教界民主人士等 16 个单位、235 人（206 名正式代表和 29 名候补代表）。特别邀请人士代表包括孙中山夫人宋庆龄和各界知名人士、老解放区民主人士、起义的国民党军政人员、新疆代表团、战斗英雄劳动模范代表等 75 人。

在党外人士中，进步人士约占三分之一，共产党员和党外进步人士约达总数的三分之二。这就既保证了共产党的领导，又广泛团结了党外人士。当时，中央统战部把参加新政协的单位人选和各项统计，印制了一本很厚的表册，毛泽东曾幽默地说，这真是一本"天书"。

9 月 15 日，中南海陆续迎来各界参会代表，在勤政殿、怀

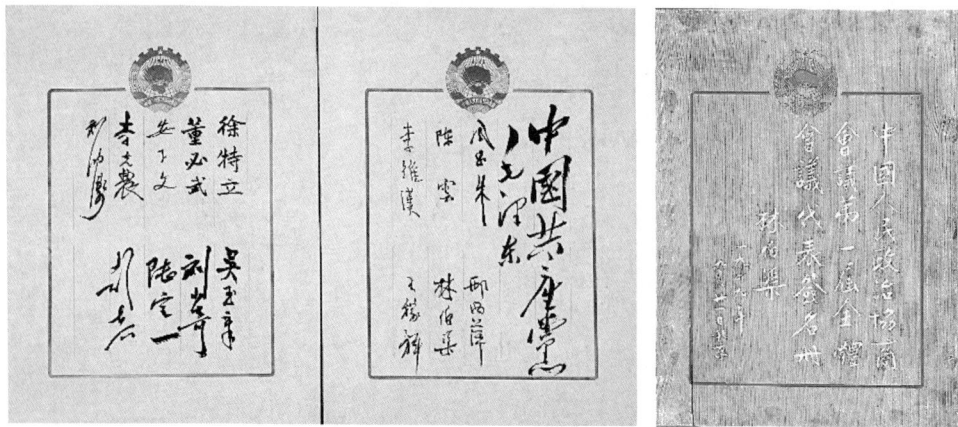

◎ 政治协商会议签名册

仁堂等几处地方的长桌上按参加会议的各单位顺序摆放着印有政协会徽的签到纸，供与会代表们签名报到。

按规定"代表签名一律用毛笔，第一行写单位名称，由各单位的首席代表写；第二行是首席代表签名"，为尊重宋庆龄的习惯，特为她准备了一支钢笔，也没有在第一行写单位名称。特邀新疆维吾尔族代表赛福鼎和乌孜别克族阿里木江写的是维吾尔文，是仅有的两位用少数民族文字签名的代表。一些在 9 月 21 日政协会议开幕前因故未能及时签到的代表，都在到会后补签了名字。最终，实际报名签到参加政协会议的代表共 644 位，与 662 位代表名额相差 18 人。

当时承担会务工作的方荣欣回忆说："会场门口的桌上，摆着一本《中国人民政治协商会议第一届全体会议签名册》。原木制作大尺寸封面，棕色底版，浅绿色字样，由林伯渠题词。打开来，是折叠的宣纸，每页上端水印政协会徽。"

中国共产党的正式代表 16 人，候补代表 2 人，陈云同志是第一个来报到的。随后，周恩来等代表先后报到签名，都把首页的第一、二行空着留给了毛泽东。

负责接待中国共产党代表报到的孙小礼回忆说，9 月 17 日上午接到通知：毛泽东主席要来勤政殿开会，同时签到，并有摄影记者陪同。签到其实很简单，可毛主席要签到的那张纸上，后面的三行已经签满了周恩来、陈云等其他代表的名字，这样拍摄出来的画面不太好看。大家终于想出了一个办法：用一张新纸沿着第三行的竖道折叠起来，盖上后三行。这样，在镜头下看就像一张崭新的签到纸了。

1949 年 9 月 21 日，中国人民政治协商会议第一届全体会议在北平中南海怀仁堂隆重开幕。这是一次具有重要历史意义的会

◎　毛泽东在签到纸上签名

议，毛泽东在开幕词中庄严宣告："我们有一个共同的感觉，这就是我们的工作将写在人类的历史上，它将表明：占人类总数四分之一的中国人从此站立起来了。"

9 月 27 日，中国人民政治协商会议第一届全体会议一致通过《中华人民共和国中央人民政府组织法》《中国人民政治协商会议组织法》；中华人民共和国的国都定于北平，自即日起改北平为北京；采用公元纪年；国歌未正式制定前，以《义勇军进行曲》为国歌。国旗定为五星红旗，象征中国革命人民大团结。

这次会议代行了全国人民代表大会的职权，通过了具有临时宪法性质的《中国人民政治协商会议共同纲领》，制定了《中国人民政治协商会议组织法》《中华人民共和国中央人民政府组织法》。

根据以上两项组织法，中国人民政治协商会议第一届全体会议在 9 月 30 日进行了两项选举：（1）选举毛泽东为中华人民共和国中央人民政府主席，朱德、刘少奇、宋庆龄、李济深、张澜、高岗为副主席；选举周恩来等 56 人为委员，组成中央人民政府委员会。（2）会议选举毛泽东为中国人民政治协商会议全国委员会主席，周恩来、李济深、沈钧儒、陈叔通为副主席；会议选出 180 人组成的中国人民政治协商会议第一届全国委员会，完成了中华人民共和国建国的一系列准备工作。

在新中国第一部宪法诞生前，《共同纲领》实际上起到了临时宪法的作用。在巩固新生政权的同时，中国共产党加强了与各民主党派的联系，很好地发挥了各民主党派参政议政、民主监督、民主协商的积极性，形成了一种民主氛围，这在新政权的建立初期显得尤为重要。

9 月 30 日，在会议闭幕的当天傍晚，毛泽东带领全体政协代表在天安门广场为人民英雄纪念碑奠基，并宣读了为人民英雄纪念碑起草的碑文："三年以来，在人民解放战争和人民革命中牺牲的人民英雄们永垂不朽！三十年以来，在人民解放战争

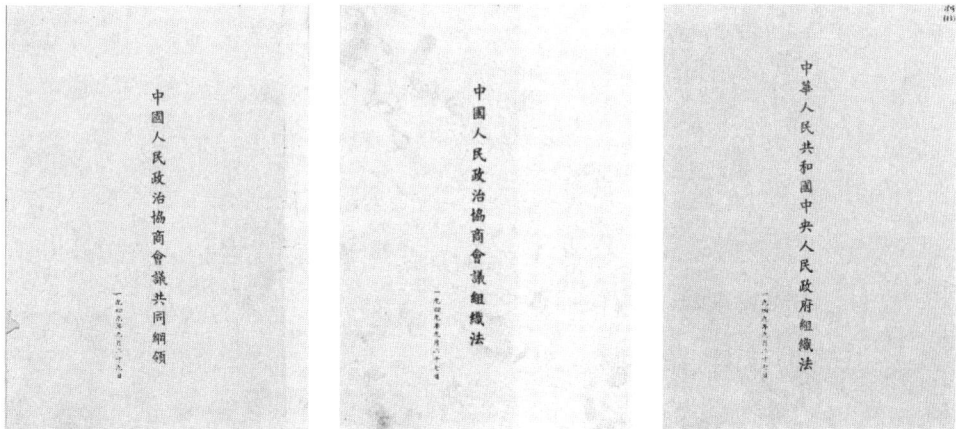

◎　政治协商会议通过的部分文件

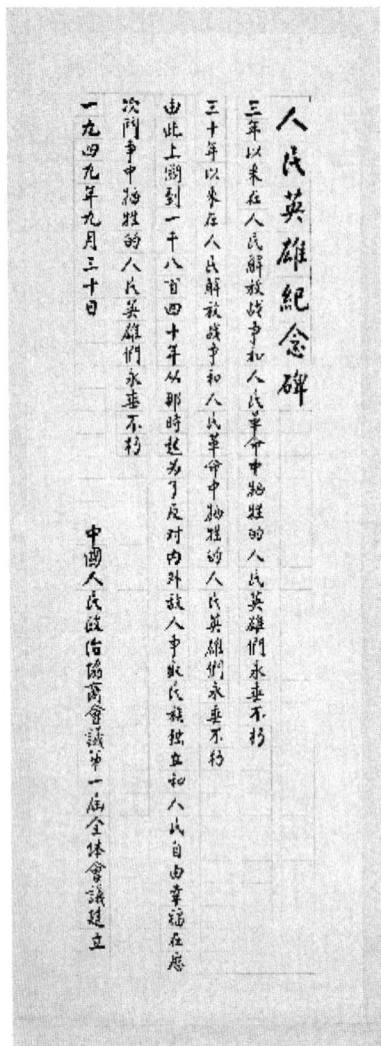

◎ 毛泽东起草、周恩来题写的碑文

和人民革命中牺牲的人民英雄们永垂不朽！由此上溯到一千八百四十年，从那时起，为了反对内外敌人，争取民族独立和人民自由幸福，在历次斗争中牺牲的人民英雄们永垂不朽！"①

毛泽东这些话道出了中国人民此时此刻的共同心声。

中国人民革命的胜利，彻底改变了近代以后100多年中国积贫积弱、受人欺凌的悲惨命运，中华民族走上了实现伟大复兴的道路。中国人民革命的胜利，从根本上改变了中国社会的发展方向，为实现由新民主主义到社会主义的转变和建立社会主义制度、进行社会主义现代化建设，扫清了主要障碍，创造了政治前提；为实现国家富强和人民幸福，实现中华民族的伟大复兴，开辟了广阔的道路。几千年来受压迫、受奴役的中国人民从此成了新国家、新社会的主人。

---

① 《建国以来毛泽东文稿》第一册，中央文献出版社1987年版，第13页。

"中国人从此站立起来了"

——开国大典和人民政权的建立

1949 年 9 月 29 日上午，位于东单煤渣胡同的国营永茂实业公司接到中共北平市委指示，赶制一面长 460 厘米、宽 338 厘米的五星红旗，红色旗面必须用红绸，黄色五角星必须用黄缎。要做两面，以供挑选，于 10 月 1 日前送到开国典礼筹备处。

当时，北平印染业的技术条件达不到印制国旗的要求，这么大幅面的国旗只有手工缝制才能完成。中共党员、永茂公司业务科的宋树信走访多家布店，终于在大栅栏的瑞蚨祥找到几块红绸和唯一一卷三米多长、不到二尺宽的上好黄缎。由于红绸不够长，瑞蚨祥的技术人员把红绸布料连接起来。随后，宋树信带着红绸和黄缎来到西单一家叫"新华缝纫社"的店铺，请一位女技工按照国旗制法制作国旗。由于黄缎不到二尺宽，无法整个裁剪出最大的五角星，经过逐级请示，最后采用拼接方案：在大五星的一个角上接一个尖。

五星红旗有了，怎样顺利地升上去也是一个艰巨的任务。开国大典时通过地下电缆远方操作的电动升旗装置，是由各有关单位分工合作完成的。为确保万无一失，时任北平市长的聂荣臻还指示护旗战士用绳子另系一面国旗，准备随时改为人工升旗。

1949 年 10 月 1 日上午，成群结队的首都群众，脸上洋溢着

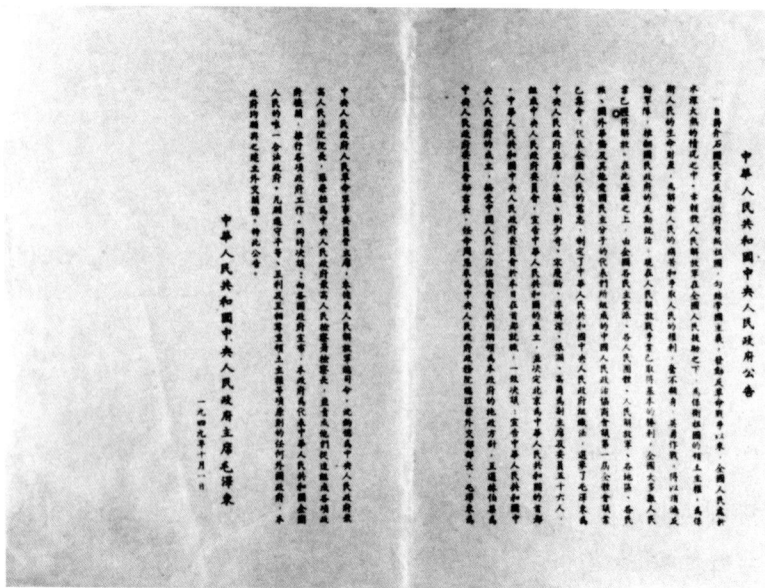

◎ 《中华人民共和国中央人民政府公告》

欢笑，舞动着彩旗标语，从四面八方向天安门广场汇聚，每个人的内心都涌动着一股热流。历经五千年沧桑的中国，终于要在今天见证历史的巨变。按照平日的作息，习惯夜里办公的毛泽东要睡到下午两三点钟。可当天下午一点，卫士就叫醒了毛泽东，一向简朴的他也在这一天穿上了新衣服、新鞋子。

下午二时，中央人民政府委员会第一次会议在中南海勤政殿举行，宣告中华人民共和国中央人民政府成立。中央人民政府主席毛泽东、副主席朱德、刘少奇、宋庆龄、李济深、张澜、高岗以及 56 名中央人民政府委员会委员宣誓就职。会议还选举了中央人民政府秘书长，通过了中央人民政府主要机关负责人的任命。

在这次会上，毛泽东宣读《中华人民共和国中央人民政府公告》，并向在座的各位委员征求意见。张治中委员强烈建议在公告中增加 56 位中央人民政府委员会委员的名字，以体现中央人民政府是真正实行新民主主义的联合政府。这 56 位委员中，党外各界著名代表人物占了 27 位，差不多一半，充分体现了新中国人民政府团结基础的广泛。

毛泽东对张治中提出的建议十分重视，当即委派刚刚就任中央人民政府秘书长、开国大典主持人的林伯渠去办。然而，在当时的技术条件下，在不到一个小时的时间里重印一份公告显然也是不可能完成的任务。林伯渠只好把这 56 位委员的名字写在一张小纸条上夹在公告里一起交给了毛泽东。

会后，毛泽东和中央人民政府委员会全体委员，分别乘车驶向天安门。车队开出中南海东门，缓缓而行，穿进故宫，直接开到天安门城楼下。

为举行开国大典的天安门已被修葺一新，大典主席台设在金

◎ 10 月 1 日下午，毛泽东和中央人民政府委员们健步登上天安门城楼

碧辉煌的天安门城楼上。城楼上横标红底黄字是"中华人民共和国中央人民政府成立典礼"，正中高悬着毛泽东的巨幅画像。两旁的标语分别为"中央人民政府万岁""中华人民共和国万岁"。八盏大宫灯的流苏随风飘动，22米高的旗杆竖在广场中央，古老的天安门随着新中国的诞生焕发出青春，一派生机勃勃。

伴随着《东方红》的旋律，毛泽东同全体委员沿着城楼西侧的古砖梯道拾级而上。当《东方红》演奏完三遍时，毛泽东一行人刚好来到主席台前，此时已近下午三点。周恩来向广播站做了一个手势，广播员通过扩音器宣布："毛主席来啦！毛主席健步登上了天安门城楼！"此时，人群一阵欢腾，此起彼伏的欢呼声再次响起。

大会典礼程序如下：

一、中央人民政府秘书长宣布开会。

◎ 天安门广场上毛泽东亲自升起的第一面五星红旗

二、中央人民政府主席就位，副主席就位，委员就位。

三、奏《义勇军进行曲》。

四、中央人民政府主席宣布中华人民共和国中央人民政府成立，并升国旗（同时鸣礼炮，礼炮毕，奏《义勇军进行曲》）。

五、中央人民政府主席宣读中央人民政府公告。

六、阅兵（1.中国人民解放军总司令检阅，2.中国人民解放军总司令下达阅兵命令，3.进行分列式）。

七、游行[①]。

三时许，毛泽东走到扩音器前，以洪亮而又浓重的湖南乡音向全国、向全世界庄严宣布：中华人民共和国中央人民政府已于本日成立了。这庄严的宣告，使参加盛典的 30 万群众一齐欢呼起来。欢呼声惊天动地，如隆隆春雷在 960 万平方公里的土地上

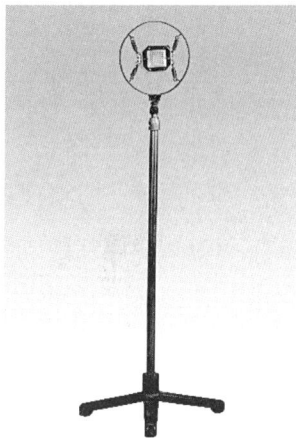

◎　毛泽东在开国大典上宣读《中央人民政府公告》和所用的话筒

---

① 《中央人民政府成立盛典今日在首都隆重举行》，《人民日报》1949 年 10 月 1 日，转引自《开国盛典——中华人民共和国诞生重要文献资料汇编》（下编），中国文史出版社 2009 年版，第 44 页。

滚滚而过，令每一个炎黄子孙热泪盈眶！

随后，毛泽东同志按下电钮，广场中央旗杆上的这面鲜艳的五星红旗伴随着代国歌《义勇军进行曲》的节奏，像一轮朝阳般冉冉升起，将开国大典伟大、庄严、团结的气氛推向高潮。这面国旗由五幅红绸拼接轧制而成，五颗黄星由黄缎制成，大星位于左边，四颗小星位于右边环绕大星，每颗小星均有一个角尖正对大星，象征中国革命人民大团结。

随后，毛泽东宣读《中央人民政府公告》，念了一个颇长的名单，除主席、副主席外，还包括 56 位中央人民政府委员会委员。从当时的影像资料可以看出，这份公告是竖版，经左右对折后拿在手里宣读的。当时参与报道的新华社记者李普回忆说：主席宣读公告后，我走上去拿稿子。稿子上贴着一个字条，写着中央人民政府委员会全体委员的名字。他指着那张字条一再叮嘱我："你小心这张字条，千万不要弄丢了。照此发表，不要漏掉了。"文件上还有他用铅笔写的批示："照此发表。毛泽东"[①]。

值得注意的是，毛泽东在《中央人民政府公告》全文都没有使用"建国""开国"词语，而是使用"成立"，这主要有国家统一方面的考虑。在国际法上有一个重要概念和原则规范——继承。毛泽东在《中央人民政府公告》宣布中华人民共和国新政府的成立，则在继承问题上，就适用政府继承的原则、规则，包括台湾省在内的全部中国领土和主权，台湾问题就只能是中国的内政问题而非"国际问题"。

《中央人民政府公告》的发布，向全世界宣告中华人民共和

---

① 《毛泽东传 1949—1976》（上），中央文献出版社 2003 年版，第 5—6 页。

◎　中央人民政府和政务院的印信

国的成立，标志着中国从半殖民地半封建国家变成一个真正独立的国家，人民成为国家的主人，进入人民民主的新时代。同时，也标志着中国的新民主主义革命取得基本胜利，中国的历史从此翻开崭新的篇章。对此，宋庆龄女士十分感慨地写道："在我看来，自从一九四九年十月一日——这具有历史意义的日子以来，中国最伟大的转变就是我们的国号中有史以来第一次有了'人民'这两个字。这两个字不是为了装饰点缀，它的重要意义在于同样有史以来第一次表明我们政府巨大力量之所在——人民。"①

　　开国大典之后，中国人民政治协商会议协同中央人民政府委员会，立即开始研究和确定政务院各部、委、办、署的负责人员，尽快建立中央人民政府的机构。10 月 19 日，中央人民政府举行第三次会议，讨论通过了政务院及其所属各委员会、各部、会、院、署、行的负责人，同时任命了人民革命军事委员会、最

----

　　① 《宋庆龄选集》上卷，人民出版社 1992 年版，第 573 页。

中华人民共和国中央人民政府组织系统表
（1949 年 10 月）

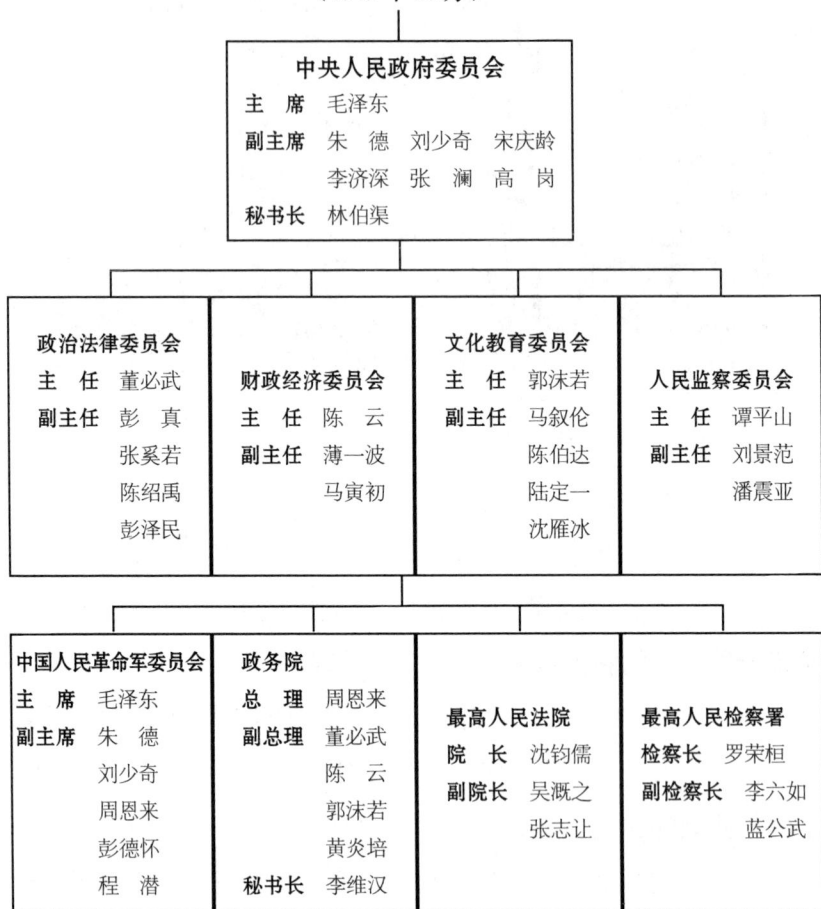

中央人民政府委员会
主　席　毛泽东
副主席　朱　德　刘少奇　宋庆龄
　　　　李济深　张　澜　高　岗
秘书长　林伯渠

政治法律委员会
主　任　董必武
副主任　彭　真
　　　　张奚若
　　　　陈绍禹
　　　　彭泽民

财政经济委员会
主　任　陈　云
副主任　薄一波
　　　　马寅初

文化教育委员会
主　任　郭沫若
副主任　马叙伦
　　　　陈伯达
　　　　陆定一
　　　　沈雁冰

人民监察委员会
主　任　谭平山
副主任　刘景范
　　　　潘震亚

中国人民革命军委员会
主　席　毛泽东
副主席　朱　德
　　　　刘少奇
　　　　周恩来
　　　　彭德怀
　　　　程　潜

政务院
总　理　周恩来
副总理　董必武
　　　　陈　云
　　　　郭沫若
　　　　黄炎培
秘书长　李维汉

最高人民法院
院　长　沈钧儒
副院长　吴溉之
　　　　张志让

最高人民检察署
检察长　罗荣桓
副检察长　李六如
　　　　蓝公武

高人民法院、最高人民检察署和中央人民政府办公厅等负责人。至此，中央人民政府的全部组织机构完全建立起来了。

10 月 21 日，新组建的中央人民政府机构宣告成立。周恩来总理在会上报告了各部门的组织问题，并责令各机构迅速筹建，至 11 月 1 日，政务院各部、委、院、署、行等机构全部正式开始办公，完成了国家行政机构的组建任务。这是中国历史上完全新型的一种国家机构，它代表了全国人民的利益，是为全中国人民服务的政权机关。

为了使刚刚建立的政务院机构能够顺利地运转起来，政务会议成为其中的一个关键环节。从 1949 年 10 月 21 日举行第一次会议到 1950 年 10 月 20 日举行第 55 次会议，政务院的重要决策和人事任免都要在这个会议上讨论通过，政务会议成为中共听取各方面意见、集思广益地制定政策的重要方式。当时的政务委员罗隆基对政务会议的看法就很具代表性，他说："不论我怎么忙，身体怎么不好，总要参加。这是为什么呢？不是政务会议上的什么事情我都有兴趣，也不是这个人那个人的讲话我都喜欢听，而是有一点深深地吸引了我，那就是在每次政务会议上，周总理总有一篇讲话，得到的教益很深很深，对我就像是上了一次大课，所以我舍不得不来。"①

政务院的机构建立起来以后，接下来要做的工作就是进一步健全各级地方人民政府的机构。1949 年 12 月，中央人民政府委员会召开第四次会议，讨论通过了省、市、县《各界人民代表会议组织通则》。在毛泽东同志的领导下，全国的民主建政工作进展顺利，到 1950 年 10 月，全国已经建立了一个大行政区人民政府和一个中央直辖的人民政府，4 个大行政区军政委员会，28 个省人民政府，9 个相当于省的行政区人民行政公署，12 个中央和大行政区直辖的市人民政府，67 个省辖的市人民政府，2087 个县级人民政府。中国人民第一次真正获得了行使当家作主管理国家的神圣权力。

新民主主义革命胜利后，中国共产党还要继续领导人民，在建设新中国的过程中把马克思列宁主义的普遍原理同中国的具体

---

① 孙起孟：《罗隆基眼里的政务会议》，《人民日报》1994 年 5 月 25 日。

实际相结合，走更长更艰辛的道路。正如毛泽东同志在回顾过去的革命斗争时所说的，"党的二十八年是一个长时期，我们仅仅做了一件事，这就是取得了革命战争的基本胜利。这是值得庆祝的，因为这是人民的胜利，因为这是在中国这样一个大国的胜利。但是我们的事情还很多，比如走路，过去的工作只不过是像万里长征走完了第一步。"①

---

① 《毛泽东选集》第四卷，人民出版社1991年版，第1480页。

策划编辑：刘敬文

责任编辑：王新明

封面设计：胡欣欣

版式设计：彭小艳

图书在版编目（CIP）数据

大党记忆 ： 文物背后的党史故事 ／ 黄黎著 .

北京 ： 人民出版社，2025. 8. -- ISBN 978 - 7 - 01 - 027061 - 6

Ⅰ . D23 ； K871.6

中国国家版本馆 CIP 数据核字第 2025351KY3 号

大党记忆

DADANG JIYI

——文物背后的党史故事

黄 黎 著

人民出版社 出版发行

（100706 北京市东城区隆福寺街 99 号）

北京汇林印务有限公司印刷 新华书店经销

2025 年 8 月第 1 版 2025 年 8 月北京第 1 次印刷

开本：710 毫米 ×1000 毫米 1/16 印张：20.75

字数：239 千字

ISBN 978 - 7 - 01 - 027061 - 6 定价：65.00 元

邮购地址 100706 北京市东城区隆福寺街 99 号

人民东方图书销售中心 电话（010）65250042 65289539